Der Schöpfer des Regenbogens

und anderer Märchen und Fabeln

Richard Le Gallienne

Alpha-Editionen

Diese Ausgabe erschien im Jahr 2023

ISBN: 9789359258829

Herausgegeben von
Writat
E-Mail: info@writat.com

Inhalt

DER ALTE MANTEL DER TRÄUME

EIN PROLOG

Die Menschen in London – nicht nur Literaten, sondern sogar jene „höheren gesellschaftlichen Kreise", zu denen ein bestimmter Verleger, dessen Name – oder Rasse – es ist kaum fair zu erwähnen, so unterwürfig aufgestiegen war – fragten sich oft, woher der Reichtum gekommen war, der so groß war ermöglichte es ihm, eine solche Einrichtung zu unterhalten, so aufwändige „Partys" zu veranstalten, so viele Autos zu besitzen und im Allgemeinen all das zur Schau zu stellen, was den modernen Geist so überzeugt.

Natürlich machten sie sich keine ernsthaften Sorgen, denn solange es eine Party ist, der *Koch* so viel bezahlt wird und die Weine so alt sind, wie sie sein sollten, gibt es nicht einmal die seltenste Blüte des ältesten und bedeutendsten Stammbaums Es ist ihr egal, wessen Party es ist oder mit wem sie tanzt. Es gibt nur eine Demokratie, und die wird von Herren regiert, deren Namen kaum schön genug klingen, um sie in Märchen zu erwähnen – diese Demokratie des Geldes, vor der die schönste Blüte unserer Aristokratie jetzt ihr gekröntes Haupt neigt.

Seltsam – aber wir alle wissen, dass es so ist. Deshalb kamen zu den „Partys" des Verlegers allerlei angesehene und schöne Menschen.

Es hätte für ihre harten Herzen eigentlich keinen Unterschied gemacht, wenn sie gewusst hätten, woher all der Champagner, die Wintergärten und die Musik kamen – sie hätten trotzdem weiter getanzt und Gänseleberpastete und Sorbets *gegessen* ; Dennoch könnte es ein trauriges Herz hier und da interessieren, zu wissen, wie es kam, dass dieser Verleger – dessen Namen ich vergessen habe, dessen Nase ich aber nie vergessen kann – all diese Musik und Tänze, seltsame Blumen und verzauberte Speisen bezahlen konnte. nichts davon verstand er natürlich.

Aristokraten in London wissen natürlich nichts von einem nördlichen Bezirk von New York City namens Harlem, der so viele Straßen hat, dass ein gelehrter Arithmetiker nötig wäre, um sie zu zählen: ein Bezirk, der beim ersten Frühlingsruf lautstark bei Kindern ankommt vor der Haustür und Verkäufer aller Gemüsesorten in jeder Sprache. Auch in diesem Bezirk hört man seltsame Trompeten, die Messer- und Scherenschleifer ankündigen, und seltsame Glocken, die an Schnüren läuten, die über Karren hängen, deren Waren Flaschen und alte Zeitungen sind. Du wirst es auch hören, wenn die unbezähmbaren, süßen Düfte des schrecklichen ewigen Frühlings durch dein Fenster wehen und das Murmeln reicher, glücklicher Menschen, die weggehen, im Land zu hören ist, ein heiserer Schrei auf der heißen Straße – ein lauter Schrei von Melancholie, sogar Verzweiflung: Es geht ungefähr so: „Cash clo ᾽! Cash clo ᾽!“

Nun, in diesem Moment fragte sich ein junger Dichter, der in einer dieser sehr arithmetischen Straßen lebte, während all das traurige Frühlingsgemurmel an seine Ohren drang, wie er wohl eine Rose für den Busen seiner Liebsten kaufen könnte, mit wem Er sollte an diesem Abend auf einem örtlichen Ball tanzen. Alles, was er auf der Welt hatte, war verschwunden. Er hatte alles verkauft – außer seinen Gedichten. Alle seine wertvollen Bücher waren verschwunden, traurig, eins nach dem anderen. Kleine Gemälde, die seine Wände einst so aussehen ließen, als wäre der Louvre verschwunden. All seine alten Silberlöffel und all die kleinen Tiefdruckarbeiten, die er so sehr liebte, und ja! er hatte sogar die alte Kupfertruhe aus der Renaissance verkauft, ganz mit Nägeln besetzt, mit drei Schlössern, in der ... nun, alles war verschwunden. Nur, wo war diese Rose für die Brust seiner Liebsten – wo wuchs sie? Wo und wie konnte es gekauft werden?

Gerade als er am Ende seiner Weisheit war, hörte er einen Schrei durch das Fenster. Es hatte ihm vorher nichts bedeutet. Nun – so seltsam es auch klingen mag – es bedeutete eine Rose!

„Cash clo ᾽! Cash clo ᾽!“

Er hatte einen alten Anzug in seinem Kleiderschrank. Vielleicht würde man damit eine Rose kaufen! Also lehnte er sich durch das Fenster und rief der Stimme zu: „Komm rauf.“

Der Herr aus Palästina kam.

Es wäre leicht, die Verachtung zu beschreiben, mit der er die vornehmen, wenn auch etwas antiken Kleidungsstücke betrachtete, die ihm im Tausch gegen eine Rose angeboten wurden, und wie er sich bemühte, Futter und Nähte zu untersuchen, obwohl er den angesehenen Schneider kannte, der sie angefertigt hatte , und was für ein Schnäppchen er machen wollte.

Natürlich waren sie das nicht, also ... wirklich ... praktisch ... sie waren es nicht wert, gekauft zu werden ...

Der Dichter fragte sich einen Moment, was eine Rose kosten würde.

„Sind sie den Preis einer Rose wert?“ er hat gefragt.

Der Herr aus Palästina verstand das natürlich nicht.

„Sehen Sie", sagte er schließlich; „Ich würde dir gerne mehr geben, aber du weißt ja, wie das ist … schau dir diese Futterstoffe und Knopflöcher an! Ehrlich gesagt sind sie mir überhaupt nicht wichtig – aber eineinhalb Dollar sind wirklich das Beste . " Ich kann damit etwas anfangen ..." Und er beäugte die Kleidung des Dichters mit Verachtung.

„Ein Dollar fünfundsiebzig", sagte der Dichter standhaft.

„In Ordnung", sagte schließlich der Herr aus Palästina, „aber ich sehe nicht, wo ich Gewinn machen soll; aber –" Und er verteilte das kleine, schmutzige Geld.

Dann verbeugte sich der Dichter sanft vor ihm und sagte in seinem Herzen:

„Jetzt kann ich meine Rose kaufen!"

Als der palästinensische Händler für alte Anzüge nach Hause ging – nachdem er traurigerweise die fünfundsiebzig Dollar zurückgelassen hatte – machte er eine erstaunliche Entdeckung.

Bei der notwendigen Überprüfung der „Ware" fiel etwas aus einer der Taschen, etwas, das der Dichter seiner Natur nach völlig vergessen hatte. Der Altkleiderhändler, jetzt Verleger, hob sie vom Boden auf und betrachtete sie entzückt. Der Dichter hatte in seiner grandiosen Nachlässigkeit vergessen, seine Taschen von verschiedenen alten Träumen zu leeren!

Um dem Herrn aus Palästina gegenüber fair zu sein, gehörte er einer Rasse an, die Träume liebt, und um ihm gerecht zu werden, vergaß er völlig den Gewinn, den er mit der Kleidung des armen Dichters machen wollte, während er im Schneidersitz dasaß , auf dem Boden, und las die Träume, die aus der Tasche des alten Fracks des Dichters gefallen waren. Er las weiter und las weiter und lachte und weinte – so ein seltsamer Schatz, so ein seltsamer Mix aus Märchen, Fabeln und Gedichten war dem Dichter aus der Tasche gefallen – und erst später kam ihm der Gedanke Er könnte sich von einem Mann mit alter Kleidung in einen Verleger von Träumen verwandeln.

Dies sind einige der Träume, die dem Dichter aus der Tasche fielen.

DER HERSTELLER DER REGENBOGEN

Es war ein trostloser Novembermorgen in dem trostlosen kleinen Dorf Zwölfbäume. Die Natur selbst schien hoffnungslos und vom Universum angewidert, während die kalten Nebel sich müde zwischen den kahlen Bäumen vergruben und von den Ästen eine klamme Feuchtigkeit tropfte, die nichts von der Energie von Tränen hatte.

Twelve-Trees war selbst in seinen besten Zeiten ein armes kleines Dorf, aber der vergangene Sommer war ihm mehr als sonst erspart geblieben, und die dürren Weizenfelder und zerklüfteten Obstgärten waren dürrer und zerklüfteter als je zuvor gewesen – so sagte es Erinnerung an die ältesten Dorfbewohner.

Im Dorf Zwölfbäume gab es sehr wenig zu essen und praktisch überhaupt kein Geld. Einige der Bewohner fanden Trost darin, dass die Apfelweinfässer im Wirtshaus zum Seligen Kreuz noch immer der Verzweiflung standhielten.

Aber das war kein Trost für die hageren und zitternden Kinder, die auf den kalten Türstufen sich selbst überlassen waren und halbherzig versuchten, ihre unschuldigen kleinen Spiele zu spielen. Sogar das Herz der Kindheit spürte die Schatten an diesem Novembermorgen in dem trostlosen kleinen Dorf Zwölfbäume, und sogar die Hunde und Katzen des Dorfes schienen unter demselben Bann der Düsternis zu stehen und bewegten sich offensichtlich mit einer feuchten Hoffnungslosigkeit umher Ich erwarte nichts in Form von weggeworfenem Fisch oder verklärenden Gerüchen.

In der langen, zerzausten Hauptstraße gab es kein Leben. Niemand schien es für lohnenswert zu halten , aufzustehen und zu arbeiten. Es gab nichts, wofür man aufstehen müsste, und keine Arbeit, die sich lohnte. In all dieser widerhallenden Leere, diesem Mangel an Aufregung erregte natürlich alles, was geschah, eine dankbare, wachsame Aufmerksamkeit – sogar von den Katzen und Hunden, die so traurig durch den tristen Müll des Dorfes streiften.

Plötzlich sah man inmitten all der Novembertaubheit, dem leeren Nichts der feuchten, verlassenen Straße, von Süden her eine seltsame kleine Gestalt eines alten Mannes näherkommen, der an seiner Seite einen seltsamen Apparat herumrollte, der einem Messerschleifer ähnelte. und er trug ein paar verlassene alte Regenschirme unter einem Arm. Offensichtlich war er ein umherziehender Messerschleifer und Regenschirmflicker. Als er die Straße hinaufging, rief er einen seltsamen Singgesang, dessen Worte man nicht unterscheiden konnte.

Aber obwohl sein Schrei melancholisch war, schien sein altes, runzliges und runzliges Gesicht von innerer und unauslöschlicher Freude zu strahlen, und seine leuchtend blauen Augen, die verblüffend in einem Netzwerk von Falten eingebettet waren, waren so voller Lachen wie die eines Jungen. Sein Schrei zog hier und da ein müdes Gesicht an Fenster und Tür; Doch als sie nichts außer einem alten Messerschleifer sahen, verloren die Gesichter das Interesse und verschwanden sofort. Da die Kinder jedoch weniger kultiviert waren, waren sie von dankbarer Neugier gegenüber dem Fremden erfüllt, verließen die kalten Türstufen und marschierten staunend um ihn herum.

Ein kleines Mädchen, dessen Tränen sich über ihr blasses, ungewaschenes Gesicht liefen, erregte den Blick des alten Mannes.

„Kleiner“, sagte er mit einem magischen Lächeln und einer Stimme voller beruhigender Liebe, „gib mir eine dieser Tränen und ich werde dir zeigen, was ich daraus machen kann.“

Und er berührte das Gesicht des Kindes mit seiner Hand und fing eine ihrer Tränen mit seinem Finger auf und legte sie glitzernd auf sein Rad. Dann betätigte er mit dem Fuß ein Pedal und das Rad begann sich so schnell zu bewegen, dass man nichts außer seinem Wirbeln sehen konnte; und während es sich drehte, begannen wundervolle bunte Strahlen daraus aufzusteigen, so dass die trostlose Straße plötzlich voller Regenbögen schien. Die traurigen Häuser erstrahlten in einem märchenhaften Glanz und die Gesichter der Kinder waren wieder voller Lachen.

„Na, Kleiner“, sagte er, als das Rad aufhörte, sich zu drehen, „hat dir gefallen, was ich aus dieser traurigen kleinen Träne gemacht habe?“

Und die Kinder lachten und flehten ihn an, noch einen anderen Streich für sie zu machen.

In diesem Moment kam eine arme alte, schwachsinnige Frau die Straße herunter, unbeschreiblich schmutzig und heruntergekommen, redete mit sich selbst und lachte auf unheimliche Weise. Das Dorf kannte sie als Crazy Sal, und die Kinder waren es gewohnt, sich grausam über sie lustig zu machen. Als sie näher kam , fingen sie an, sie mit der Herzlosigkeit junger, ahnungsloser Dinge zu verspotten.

Aber der seltsame alte Mann, der aus der Träne des kleinen Mädchens Regenbögen gemacht hatte, hielt sie plötzlich auf.

„Bleibt, Kinder“, sagte er, „und schaut zu.“

Und als er dies sagte, drehte sich sein Rad erneut; und als es herumwirbelte, schoss ein Licht aus ihm heraus, so dass es die arme alte Frau erleuchtete, und in seinem Glanz wurde sie seltsam verwandelt. Anstelle von Crazy Sal, über den sie sich immer lustig gemacht hatten, sahen die Kinder ein wunderschönes junges Mädchen, ganz errötet, mit leuchtenden Augen und hübschen Schleifen; und das Murmeln ihrer Überraschung war so groß, dass es ihre Väter und Mütter an die Türschwellen lockte, die auch Crazy Sal sahen, wie keiner von ihnen sie jemals zuvor gesehen hatte – außer einem sehr alten Mann, der sich an sie als schönes junges Mädchen erinnerte , und erinnerte sich auch daran, wie ihre Gedanken von ihr verschwunden waren, als eines Tages die Nachricht kam, dass ihr Schatz, ein Seemann, in der Nordsee ertrunken war.

„Wer und was bist du?" sagte dieser alte Mann und trat ein wenig vor der versammelten Menge hervor. „Sind Sie ein Zauberer, der die Tränen eines Kindes in Lachen verwandelt und eine alte, schwachsinnige Frau wieder in ein junges Mädchen verwandelt? Sie müssen vom Teufel sein …"

„Gib mir eine Ähre von deiner letzten Ernte", antwortete der alte Messerschleifer, „und ich lege sie auf meine Mühle."

Eine Kornähre wurde ihm gebracht, und noch einmal surrte sein Rad, und wieder schoss das seltsame Licht daraus hervor und breitete sich weit an den Häusern vorbei über die Felder dahinter aus; und siehe da! Vor den erstaunten, traurigen Augen der müden Bauern erschienen sie mit goldenen Körnern winkend und warteten auf die Sense.

Und wieder, als das Rad aufhörte zu surren, sprach der alte Mann, der sich an Crazy Sal als junges Mädchen erinnert hatte, mit dem Messerschleifer; wieder fragte er:

„Was und wer bist du? Bist du ein Zauberer, der die Tränen eines Kindes in Lachen verwandelt, eine alte, schwachsinnige Frau wieder in ein junges Mädchen verwandelt und aus einem kargen Hügel ein wogendes Maisfeld macht?"

Und der Mann mit dem seltsamen Rad antwortete:

„Ich bin der Schöpfer der Regenbögen. Ich bin der Alchemist der Hoffnung. Für mich ist November immer Mai, Tränen sind immer zukünftiges Lachen und Dunkelheit ist missverstandenes Licht. Das traurige Herz macht seinen eigenen Kummer, das glückliche Herz macht es." seine eigene Freude. Die Ernte wird vom Erntemann gemacht – und es gibt nichts Hartes, Schwarzes oder Müdes, das nicht auf die magische Berührung der Hoffnung wartet, um weich wie eine Frühlingsblume, hell wie der Morgenstern und tapfer wie ein Junges zu werden Läufer im Morgengrauen.

Aber das Dorf Zwölfbäume ließ sich von solchen Worten aus Mondschein nicht überzeugen. Nur die Kinder glaubten an den lachenden alten Mann mit dem seltsamen Rad.

"Regenbögen!" verspotteten ihre Väter und Mütter: „Regenbögen! Regenbögen sind viel Gutes für ein hungerndes Dorf."

Der alte Regenbogenmacher nahm ihre Sticheleien schweigend hin und machte sich bereit, seines Weges zu gehen; aber als er noch einmal die Straße entlangging, sagte er mit einem zynischen Lächeln:

„Haben Sie noch nie gehört, dass sich am Ende des Regenbogens ein Topf voll Gold befindet? … "

„Ein Topf voll Gold?" schrie das ganze Zwölfbaumdorf.

„Ja", antwortete er, „ein Topf voll Gold! Ich weiß, wo er ist, und ich werde ihn finden."

Und er machte sich auf den Weg.

Dann sahen sich die Dorfbewohner an und sagten immer wieder: „Ein Topf voll Gold!"

Und sie nahmen Umhänge und Wanderstöcke und machten sich auf den Weg, den alten Besucher zu begleiten; aber als sie den Rand des Dorfes erreichten, war von ihm keine Spur mehr. Er war auf mysteriöse Weise verschwunden.

Aber die Kinder haben die Regenbögen nie vergessen.

DER MANN MIT ETWAS IM AUGE

Es war einmal gegen Ende Februar, als der Schnee noch immer auf den Straßen New Yorks lag und der Wind grausam von Fluss zu Fluss wehte, als eine seltsame Gestalt etwas sturmgepeitscht die Forty-second Street entlangging und auf sie zuging die Ostseite. Er war ein großer, vornehmer, merkwürdig traurig aussehender Mann mit langen, grau werdenden Haaren und Kleidern, die, obwohl sie oft gebürstet worden waren, immer noch laut darauf hinwiesen, dass es sich um einen Schneider aus der Bond Street handelte. Als er weiterging, hatte er offensichtlich Probleme mit einem seiner Augen, das er sich von Zeit zu Zeit rieb, als ob dort vielleicht eine Asche von der Hochbahn stecken geblieben wäre, und schließlich hielt er ihm beim Gehen ein Taschentuch entgegen entlang. Aber was auch immer das Problem sein mochte, es schien die scharfe und freundliche Sicht, die jeden Gegenstand und Charakter der belebten Straße wahrnahm, nicht zu beeinträchtigen. Hin und wieder fragten Fremde in diesem lauten und verwirrenden Viertel ihn nach dem Weg, und er versäumte es nie, mit einer aristokratischen, sorgfältigen Höflichkeit anzuhalten und sie auf den Weg zu bringen. Nervöse alte Frauen mit Bündeln an gefährlichen Kreuzungen fanden seinen Arm bereit, sie sicher auf die andere Seite zu steuern. Ihn umgab eine merkwürdige Sanftmut, die nach einer Weile nicht verfehlte, die Aufmerksamkeit unternehmungslustiger Jungen und beobachtender Bettler auf sich zu ziehen, für die er, während er weiterging, offensichtlich mit großen Augenproblemen, Pennys und Münzen fand nette Worte.

Schließlich fielen ihm diese seltsamen Verhaltensweisen so sehr auf, dass er im Laufe der Zeit eine ganze Eskorte verschiedener Individuen versammelt hatte: zerlumpte Kinder mit blassen, altklugen Gesichtern, redselige alte Irenfrauen mit zerzausten Unterröcken, stämmige Bettler auf Krücken usw eine Ansammlung sogenannter „anständiger" Leute, die neugierig am Rande der seltsamen Menge schwebten. Von einigen dieser Letzteren kamen schließlich unfreundliche Kommentare. Der Mann war offensichtlich verrückt – wahrscheinlicher war er betrunken. Aber es war offensichtlich, dass mit seinem Auge etwas nicht stimmte.

Schließlich schlug eine freundliche Person ihm vor, in eine Apotheke zu gehen und den Drogenverkäufer zu bitten, ihm ins Auge zu schauen . Dem stimmte der Fremde zu, und in Begleitung seiner bunt zusammengewürfelten Eskorte betrat er eine Drogerie und begab sich in die Hände des Verkäufers, während die Menge sich an der Tür drängte und durch die Fenster starrte und sich fragte, was mit dem Exzentriker los sei Herr, der schließlich sehr frei mit seinem Groschen war und eine so freundliche Zunge hatte. Ein Polizist versäumte es natürlich nicht, sich in den Laden zu drängen und nachzufragen, was los sei.

Währenddessen hob der Drogenbeamte professionell das Augenlid des Fremden an und suchte nach dem überflüssigen Schmerzpartikel.

Endlich fand er etwas und machte eine seltsame Ankündigung. Das Etwas in den Augen des Fremden war – Mitleid.

Kein Wunder, dass es in der erbarmungslosesten Stadt der Welt für so viel Aufsehen gesorgt hatte.

PERLMUTT

Es war einmal ein Dichter, der ganz allein am Meer lebte. Er hatte sich ein kleines Haus aus Felsbrocken gebaut, das so versteckt in den Felsen steckte, dass es selten vorkam, dass ein Wanderer über seinen Zufluchtsort stolperte. Tatsächlich gab es nur wenige Wanderer auf dieser einsamen Insel, die zum größten Teil mit dichten Buchenwäldern bedeckt war und zu ihren Bewohnern nur die wilden Kreaturen des Waldes und des Wassers und die seltsamen, überirdischen Gestalten zählte, die niemand außer den Augen des Dichters sehen konnte. Das nächste Dorf lag meilenweit entfernt auf dem Festland, und monatelang blieb die Einsamkeit ungestört durch den Klang menschlicher Stimmen oder Schritte – was die Vorstellung des Dichters von Glück war. Die Welt der Menschen war ihm wie eine Welt des Kummers, der Torheit und der Lügen vorgekommen, und so hatte er sie verlassen, um in Stille, Schönheit und dem Rauschen des Meeres zu leben.

Für ihn war die Welt eine unberührte Wildnis gewesen. Hier hatte sein Geist endlich seine Heimat und seine Verwandten gefunden. Die Sprache der Menschen war für ihn eine vergebliche Verwirrung gewesen , aber hier waren die Stimmen, zu deren Verständnis er geboren worden war, die elementaren Stimmen der Erde, des Meeres und des Himmels, die geheime Weisheit des Ewigen. Von morgens bis abends verbrachte er den ganzen Tag damit, diesen Stimmen zu lauschen und in schönen Worten die Wunderbotschaften niederzuschreiben, die sie ihm überbrachten. So erfüllte sich sein kleines Haus mit den schönen Liedern, die vom Himmel, vom Meer und von den verwunschenen Buchen zu ihm gekommen waren. Er hatte sie in ein großes Buch mit silbernen Klammern geschrieben, und oft am Abend, wenn der Mond über dem Meer aufging, sang er sie vor sich hin, aus Freude über den Schatz, den er so aus der Luft gehortet hatte, wie ein Der Mensch könnte die Goldkörner wiegen, die aus einem fließenden Fluss gesiebt wurden.

Eines Nachts, als er so in der Einsamkeit dasaß und vor sich hin sang, wurde er von einem tiefen Seufzer erschreckt, als ob ein menschliches Wesen in der Nähe wäre, und als er sich umsah, bemerkte er eine schöne Gestalt, halb im und halb außerhalb des Wassers Er blickte ihn mit großen, mondhellen Augen unter üppigem goldenem Haar an. Voller Ehrfurcht und Freude blickte er gebannt auf die überirdische Vision zurück. Es war eine Fee aus dem Meer, schöner, als man es auf den ersten Blick erkennen kann. Über ihr lag die übernatürliche Schönheit der Träume und als er sie ansah, erfüllte sich das Herz des Dichters mit jenem mehr als tödlichen Glück, das uns nur in Träumen widerfährt.

„Wunderschöner Geist", rief er schließlich und streckte seine Arme nach der Vision aus; Doch als er das tat, war sie verschwunden, und an der Stelle, wo sie gewesen war, war nichts als das einsame Mondlicht, das auf die Felsen fiel.

„Es war alles eine Täuschung des Mondlichts", sagte sich der Dichter, aber noch während er es sagte, schienen ihm die Kadenzen einer überirdischen Abschiedsmusik entgegenzuströmen.

In seinem Herzen wusste der Dichter, dass es nicht das Mondlicht gewesen war, sondern dass die Natur ihm eine dieser mystischen Besuche gewährt hatte, die nur denen zuteil werden, deren liebevolle Meditation über ihre Geheimnisse die verborgenen Türen geöffnet hat. Sie hatte für einen Moment den Schleier ihrer sichtbaren Schönheit beiseite geschoben und ihm einen Blick auf ihr unsichtbares Geheimnis gewährt. Aber der Schleier war fast augenblicklich wieder zugezogen worden, und die Augen des Dichters blieben leer und sehnten sich nach dem Gesicht, das ihn so einen Moment lang durch den Schleier angeschaut hatte. Doch sein Herz war von großer Freude erfüllt, denn wenn die Vision einmal seine gewesen wäre, würde sie nicht wieder ihm gehören? Bedeutete das nicht, dass er durch die lange Einleitung seiner einsamen Kontemplation schließlich an jene luftige Grenze gelangt war, an der die Wand zwischen dem Sichtbaren und dem Unsichtbaren durchsichtig wird und der Mensch dem Unsterblichen von Angesicht zu Angesicht begegnet?

Dennoch vergingen Tage, und der Dichter wartete vergeblich auf die schöne Frau des Meeres. Sie kam trotz all seines Gesangs nicht wieder, und sein Herz wurde ihm schwer; Aber eines Tages, als er im Morgengrauen am Meeresufer entlangging, erfüllte es große Freude, denn dort war in mystischer Schrift auf dem silbernen Sand eine Botschaft zu lesen, die kein Auge außer seinen hätte lesen können. Aber der Dichter beherrschte die geheime Schrift der Elemente. Für ihn waren die Muster von Blättern und Blumen, das Muster aus Moos und Flechten, die Markierungen auf Felsen und Bäumen, die für andere nur bedeutungslose Dekorationen waren, die Buchstaben der verborgenen Sprache der Natur, die Zauberwörter ihrer Runenweisheit. Für andere Augen wäre die Botschaft, die er im Sand gefunden hatte, wie ein vom Meer aufgewirbeltes Gewirr aus zarten Gräsern und Muscheln erschienen. Als er es in unsere gröbere menschliche Sprache umwandelte, hieß es für ihn:

„Suche mich nicht, – ungesucht komme ich, – Tochter des
mondbeschienenen Schaums, Nah und fern bin ich zu dir, Nah und fern
wie Erde und Meer, Wie Welle zu Welle, wie Stern zu Stern, Nah und fern,
nah und fern ."

Und in dieser Nacht, als der Dichter mit vollem Herzen im Mondlicht saß und sang – siehe! Die Vision war wieder da... Doch als er seine Arme ausstreckte, war sie wieder verschwunden. Aber diesmal trauerte der Dichter nicht mehr wie zuvor, denn er wusste, dass sie wiederkommen würde, wie es tatsächlich geschah. Als sie ihm zum dritten Mal erschien, hatte sie sich so nahe an seine Seite geschlichen, dass er tief in ihre fremden Augen blicken konnte, wie in das unergründliche, mondbeschienene Meer, und am Ende seines Liedes verschwand sie nicht wie zuvor, sondern Ihr langes Haar umgab ihn wie ein Netz aus Mondstrahlen, und sie lag wie der Mond selbst in seinen entzückten Armen.

Der leidenschaftliche Liebhaber der Natur, der Einsiedler ihrer Einsamkeit, verspürt oft genau in der Stunde, in der er ihr am nächsten kommt, ein schmerzliches Gefühl der unvollständigen Einheit mit ihr, ein menschliches Verlangen nach einer ansprechenden Verkörperung ihrer geheimnisvollen Schönheit ; und es gibt ekstatische Momente, in denen die Natur kurz davor zu stehen scheint, uns eine magische Antwort zu schicken – Momente intensiver Träumerei, in denen die Wälder uns das innere Herz ihrer Stille in einer plötzlichen Form unvorstellbarer Verzauberung zu offenbaren scheinen Die Unendlichkeit der sternenklaren Nacht nimmt an unserer Seite in einem geselligen Glanz Gestalt an. Wir sehnen uns sozusagen danach, unsere Lippen an die Stirn der Morgendämmerung zu drücken, die Blätterfülle des Sommers an unsere Brust zu drücken und den unendlichen Ozean in unsere Arme zu schließen.

Die Natur hatte dem Dichter als Belohnung für seine einsamen Wachen und seine endlose Sehnsucht dieses Wunder geschenkt. Wie oft hatte er, als er den aus dem Meer aufsteigenden Mond betrachtet hatte, von einer leuchtenden Gestalt geträumt, die auf ihrem silbernen Weg zu ihm kam. Und heute Nacht lag das Geheimnis des mondbeschienenen Meeres in seinen Armen. Keine schöne Vision mehr, die ihn aus der Ferne ruft – ein unnahbares Wunder, eine Stimme, ein Glanz –, sondern ein auf wundersame Weise verkörperter Geist der Elemente, übernatürlich schön.

Der Dichter war mehr als alle Menschen in schönen Worten bewandert, aber er konnte keine Worte für dieses seltsame Glück finden, das ihn befallen hatte; Tatsächlich hatte er nun die Welt der Worte hinter sich gelassen, und als er in diese magischen Augen blickte, die wie aus der Luft wachsende Meeresblumen wirkten, sprachen sie miteinander wie eine Welle, die mit der anderen spricht, oder wie die Blätter miteinander flüstern die Bäume.

So hörte der Dichter auf, allein in seiner Einsamkeit zu sein, und die Fee aus dem Meer wurde seine Frau, und ihr Glück war ganz wunderbar. Aber wie jedes Glück war auch ihr Glück nicht ohne einen Hauch von Trauer. Denn obwohl sie wunderbar miteinander verbunden waren und so eng miteinander verbunden, dass sie tatsächlich eher eins als zwei Wesen zu sein schienen, hatte das kleine Lied, das der Dichter in Algen auf dem Sand geschrieben gefunden hatte, eine tiefe Bedeutung:

„Ich bin dir nah und fern , nah und fern wie Erde und Meer."

es hatte gesagt,

„Nah und fern, nah und fern."

Denn nicht einmal ihre Liebe konnte eine ewige Barriere für sie niederreißen. Sie konnten sich auf der anderen Seite treffen und lieben, aber es war immer noch da. Sie waren Kinder zweier unterschiedlicher Elemente, und keines konnte von einem in das andere übergehen – sie war ein Kind des blauen Meeres, er ein Kind der grünen Erde. Sie musste ihn immer am Rande des geheimnisvollen Waldes zurücklassen, in dem ihr Herz so gern wandern wollte, und ganz gleich, wie weit hinaus er an ihrer Seite in die weiten Gewässer hinausschwamm, es würden immer jene Tiefseegrotten und Blumengärten sein, wohin sie führten er konnte nie folgen. In diese verzauberten Tiefen würde er sie auf ihrem schimmernden Weg hinabgleiten sehen, aber niemals würde er ihr in die verborgenen Königreiche des Meeres folgen. Er musste sie dort draußen erwarten, eine Außerirdische, im oberen Sonnenschein, und zusehen, wie ihre glitzernden Verwandten durch die regenbogenfarbenen Portale ein- und ausströmten – bis sie wieder an seiner Seite war und ihre Hände zu seinem Trost mit den geheimen Schätzen des Meeres gefüllt hatten.

So würde sie vom Ufer aus mit Verzweiflung im Blick zusehen, wie er zwischen den Buchen verschwand, um für sie die Wachsblumen und die duftenden grünen Blätter und Gräser zu sammeln, die sie mehr liebte als alles, was im Meer wuchs. So tauschten sie über ihre Barriere hinweg die Wunder aus, die auf beiden Seiten wuchsen, und so wurde die Barriere aufgrund ihrer Liebe tatsächlich immer kleiner. Manchmal fragten sie sich gegenseitig, ob dieses andere Mysterium, der Tod, die Barriere vollständig beseitigen würde ...

Aber im Herzen der Frau flüsterte das Leben bereits eine andere Antwort.

„Was", sagte sie, als sie in einer Sommernacht die ernsten Sterne im stillen Wasser betrachteten, „was wäre, wenn uns ein kleines Wesen geboren würde, das zu unseren beiden Welten gehören sollte, zu deiner grünen Erde und zu meinem blauen Meer? Würde." Du scheinst dann so einsam zu sein? Ein kleines Wesen, das an deiner Seite über die Wiesen laufen und mit mir in die Tiefen des Meeres schwimmen könnte!... "

„Wärst du dann so einsam?" wiederholte er.

Und siehe da! nach einer Saison geschah genau dieses Wunder; Eines Nachts, als sie den Mondpfad entlang an seine Seite kam, war sie nicht allein, sondern eine winzige Feenfrau war bei ihr – ein kleines strahlendes Geschöpf, das, wie ihre Mutter geträumt hatte, mit einer Hand die Blumen pflücken konnte wachsen in den Tiefen des Waldes und mit dem anderen die Blumen, die in den Tiefen des Meeres wachsen.

Wie jedes andere sterbliche Baby war sie, bis auf Folgendes: Um ihre Taille lief ein schimmernder Gürtel – aus Perlmutt.

Deshalb nannten der Dichter und seine Frau sie Perlmutt; und sie wurde für sie sozusagen zu einer kleinen Brücke zwischen zwei Elementen. In ihrem mysteriösen Leben wurden ihre beiden Leben eins wie nie zuvor. Sie brachte sie einander so nahe, dass es oft schien, als gäbe es überhaupt keine Barriere. Und so vergingen Tage und Jahre, und ihr Glück war wunderbar.

Aber dadurch wurde die Welt, die der Dichter vergessen hatte, neugierig auf das Leben, das er allein zwischen den Felsen führte. Viele seiner Lieder waren, wie es bei Liedern der Fall ist, seiner Einsamkeit entkommen und schwebten singend unter den Menschen; und seltsame Gerüchte wuchsen über das seltsame Glück, das ihn erlebt hatte. Einige der Neugierigeren hatten ihn in seiner Abgeschiedenheit ausspioniert und wunderbare Berichte in die Stadt mitgebracht, sie hätten ihn im Mondlicht mit seiner feenhaften Frau und seinem Kind an seiner Seite gesehen. Und nach ihrer Art hatte die Welt entschieden, dass es sich hier eindeutig um das Werk des Teufels handelte und dass der Dichter ein Zauberer war, der mit den Mächten der Dunkelheit verbündet war. So hat die unwissende Welt jemals die Schönheit interpretiert, die sie nicht verstehen konnte, und das Glück, das sie nicht geben konnte.

So begann sich eine Wolke zusammenzuziehen, von der der Dichter, seine Meerfrau und das kleine Perlmutt nichts wussten, und eines Abends bei Mondaufgang, als sie sich in ihrem unschuldigen Glück am Meer vergnügten, brach sie aus dem Meer über sie herein Buchen mit zunehmendem Rauschen und plötzlichem Brüllen.

Eine große Menschenmenge brach schreiend und mit Fackeln schwenkend aus dem Wald hervor und rannte auf sie zu.

„Tod dem Zauberer!" Sie weinten. „Tod! Tod!"

Als der Dichter sie hörte, wandte er sich an seine Frau und die kleine Perlmuttmutter. „Fürchte dich nicht", rief er, „sie können uns nichts antun."

Dann erklang erneut der Ruf: „Tod dem Zauberer!" ein plötzliches Licht schien in seinem Gesicht.

„Tod ... ja! Das ist die letzte Tür der Barriere ...“ und er stürzte sich in das mondbeschienene Wasser.

Und als der Pöbel schließlich mit seinen Fackeln das Ufer erreichte, verloren sich der Dichter und seine Lieben bereits auf dem silbernen Pfad, der zu den verborgenen Königreichen des Meeres führt.

DIE ME-MUTTER

Eines Tages , als ich am Meer entlang spazierte,
hörte ich eine süße Stimme, die mich rief:
Ich schaute – aber ich konnte nichts sehen;
Ich hörte zu – aber ich hörte nichts mehr;
Nur das Meer und der Seevogel
und der blaue Himmel waren bei mir.

Aber an einem anderen glücklicheren Tag,
als das ganze Meer aus Sonne und Gischt bestand
und das lachende Geschrei von Wind und Schaum,
schien es mir, als würde ich die Stimme noch einmal hören:
Wilder und süßer als zuvor,
oh wild, so liebevoll und süß wie die Heimat.

Ich schaute, und siehe da! Vor mir saß
eine Jungfrau im Kleid aus Algen ,
Meeresblumen versteckten sich in ihrer Brust,
und mit einem Kamm aus Tiefseeperlen
kämmte sie, wie jedes andere Mädchen,
Ihr goldenes Haar – ihr goldenes Haar.

Und als jede leuchtend gelbe Locke
wie Sonnenschein durch die Perle flackerte,
lachte und sang sie – aber nicht für mich:
Drei kleine Babys des Meeres
tauchten vor Freude ein und aus –
zwei Meermädchen und ein kleiner Meerjunge .

Dieses Märchenlied war nicht für mich,
weder diese grünen Augen noch dieses goldene Haar;
Tief in den Höhlen unter dem Schaum
gab es einen Ehemann und ein Zuhause – es war eine Meerjungfrau, die sich
um ihre kleinen Kinder im Meer kümmerte .

DER SCHLAFLOSE HERR

Hier war einst ein großer Herr. Er war Herr über sieben Burgen und hatte sieben Kronen auf seinem Haupt. Er war reicher, als er sich jemals vorstellen konnte, denn im Norden, Süden, Osten und Westen setzte der Horizont nicht einmal seinen Besitztümern Grenzen. Tausend Dörfer und zehntausend Bauernhöfe befanden sich in seiner Hand, und in seine Kassen floss die Fruchtbarkeit und Arbeit von all diesen. Daher war er, wie Sie sich vorstellen können, ein sehr reicher Herr. Er hatte schönere Titel, die die verschiedenen Fürstentümer bezeichneten, über die er herrschte, als der tiefste Herold verkünden könnte, ohne mindestens dreimal Luft zu holen. In seiner Person war er äußerst edel und schön anzusehen, und seine Stimme war wie das Plätschern des Wassers unter dem Mond, außer dass sie dem Ruf einer goldenen Trompete glich. Er stand in den Beratungen seines Reiches an erster Stelle, nicht nur wegen seiner Beredsamkeit, sondern auch wegen seiner Weisheit. Außerdem hatte Gott ihm ein gutes Herz gegeben.

Nur ein Geschenk war ihm verwehrt geblieben – das Geschenk des Schlafes. Womit er sich auch tagsüber abmühen mochte – beim Lernen, beim Sport, bei der Erholung oder bei den Geschäften des Reiches –, die Nacht machte ihn schlaflos, und in all den dunklen Stunden brannten die Lichter in seinem Schlafzimmer und in seiner Bibliothek Er ging von einem zum anderen, mit tragischerweise wachen Augen und einem quälend wachen und klaren Gehirn.

Alle der Wissenschaft bekannten Mittel, um schlaflosen Menschen Schlaf in die Augen zu bringen, waren vergeblich versucht worden. Gelehrte Ärzte aus allen Teilen der Welt waren zum Schloss meines Herrn gekommen und von dort gegangen, mit dem Geständnis, dass ihre Fähigkeiten nichts genützt hatten. Alle seltsamen und schrecklichen Drogen, die Macht über den Geist des Menschen haben, hatten es nicht geschafft, diese hartnäckigen Augenlider zu besiegen. Mein Herr ging immer noch schlaflos von seinem Schlafzimmer zu seiner Bibliothek, von seiner Bibliothek zu seinem Schlafzimmer.

Plötzlich würde ein seltsames neues Licht aus seinen Seiten erstrahlen

Manchmal hatte er sich in seiner Angst auf die Knie geworfen und betete vor einem Gott, an den er sich nicht immer erinnert hatte – dem Gott, der seinen geliebten Schlaf schenkt –, aber seine Gebete blieben unbeantwortet; und in seinen dunkelsten Augenblicken hatte er davon geträumt, sich selbst den ewigen Schlaf zu entreißen, von dem ein großer lateinischer Dichter, den er liebte, gesungen hatte. Während er in seiner Bibliothek auf und ab ging, sagte er oft immer wieder zu sich selbst: *„Nox ."* *Europäische Sommerzeit ewig una dormienda* – und in der stillen Nacht klangen die alten Worte oft wie sanfte, dunkle Stimmen, die ihn in die endlose Nacht des endlosen Schlafs riefen. Aber er war nicht der Mann, der diesen Fluchtweg wählte. NEIN; Was auch immer das Leid sein mochte, er kämpfte bis zum Ende dagegen an, und so fuhr er schlaflos fort und probierte diese und jene Ressource aus, vor allem aber diese erste und letzte Ressource: Mut. Es kommt selten vor, dass der Mut es versäumt, der schwierigsten Situation eine Belohnung abzuringen, und der schlaflose Mann, der Nacht für Nacht mit seinem Schicksal kämpfte, ließ sich solch hart erkämpfte Belohnungen nicht entgehen. Oft, wenn er in der tiefsten Stille der Nacht müde ein großes altes Buch eines Philosophen oder Dichters aufschlug, das ihm aus seiner Jugend vertraut war, strahlte plötzlich ein seltsames neues Licht aus seinen Seiten, als strahlte ein innerer Glanz der Wahrheit aus, den er hatte hatte es bei seiner Tageslektüre verpasst. In solchen Zeiten überkam ihn ein Hochgefühl, und es schien fast so, als wäre der Fluch, der auf ihm lastete, in Wirklichkeit ein Segen der Einweihung in die Welt einer tieferen Weisheit, deren Tor vom Glanz der Sonne verborgen bleibt. Im Tageslicht verlieren sich die ewigen Stimmen im vergänglichen Lärm der menschlichen Geschäfte; Erst wenn die Nacht hereinbricht, die Sterne aufgehen und der Lärm der Menschen verstummt wie das Dröhnen eines schlafenden Insekts, können die feierlichen Gedanken Gottes gehört werden.

Andere Kompensationen fand er, als er, seiner Bücher überdrüssig und am Schlafen verzweifelt, sein Haus verließ und durch die stille Stadt wanderte, wo die dröhnenden Hauptstraßen des Tages still waren wie die Pyramiden und die großen Lagerhäuser wie verlassene Paläste wirkten, in denen es spukte der Mond. Nachtwandlern wie ihm kam seine Figur immer bekannter vor und sie sagten zu sich selbst oder zueinander: „Da geht der Herr, der niemals schläft"; und die Wächter auf ihren Runden kannten und grüßten alle den Mann, dessen Augenlider sich nie schlossen. So erzwungen diese nächtlichen Streifzüge auch waren, offenbarten sie ihm doch viel wunderbares Wissen, das die Glücklicheren, die in ihren Betten schliefen, niemals verpassen würden. So kam er mit der ganzen gewaltigen nächtlichen Arbeit der Welt in Berührung, der Mühe schlafloser Männer, die über die schlafende Erde wachen und die ganze Nacht hindurch arbeiten, um sie für den neugeborenen Tag vorzubereiten; all diese Arbeit, die mit dem Aufgang der Sonne beiseite gelegt und vergessen wird und von der der Tag keine Fragen stellt, damit das Ergebnis da ist. Dies brachte ihn der Menschheit sehr nahe und lehrte ihn ein tiefes Mitleid mit dem harten Los der Menschen.

War es dann kein Ausgleich für diesen Schlaflosen, dass er auf diese Weise zum Gefährten der ganzen verzauberten Schönheit der Nacht wurde, an ihrer Seite ging, ein Vertrauter ihrer mystischen Gespräche, während er in ihre ewigen Augen blickte? War es nichts, die Vertraute all ihrer sibyllinischen Stimmungen zu sein, die in jedem gehetzten Murmeln ihrer Stimme gelernt wurde, die mit ihren Mondgeheimnissen vertraut war und eine Freundin all ihrer Sterne?

Ja! Es war tatsächlich viel, sagte er oft zu sich selbst, als er sich mit der ersten Morgenröte auf den Heimweg machte und den großen, duftenden Wagen begegnete, die vom Land kamen, beladen mit Früchten und Blumen, und wie wandernde Obstgärten und Wiesen ihren Weg zogen durch die Straßen der Stadt.

die großen Fuhrleute kannten den großen Herrn gut, der nie schlief und immer stehen blieb, wenn sie ihn sahen, denn es war seine Gewohnheit, von ihnen einen Strauß Landblumen zu kaufen.

„Der Landtau liegt immer noch auf ihnen“, würde er sagen; „Es wird längst getrocknet sein, wenn die Leute da drüben schlafen, um sie zu kaufen“, und als er in sein Haus zurückschlüpfte, empfand er oft eine Art Mitleid mit denen, die so gut schliefen, dass sie die Sterne nie untergehen sahen der Sonnenaufgang.

Dies waren einige der Entschädigungen, mit denen er versuchte, seine Seele zu stärken – nicht alle umsonst. So verging die Zeit; Doch schließlich spürte der schlaflose Mann die Anspannung dieser endlosen Nächte, und seltsame Fantasien begannen von ihm Besitz zu ergreifen. Seine Mahnwachen waren nicht mehr einsam, sondern erfüllt von geisterhaften Stimmen und schattenhaften Gesichtern. Die Rebellion gegen sein Schicksal begann an die Stelle des Mutes zu treten; Und eines Nachts, im Zorn über seine endlose Tortur, sagte er zu sich selbst: „Bin ich nicht ein großer Herr? Es ist unerträglich, dass mir das Einfache vorenthalten wird, das die Einfachsten und Ärmsten so reichlich besitzen. Bin ich nicht reich? Ich.“ werde hinausgehen und Schlaf kaufen.“

Mit diesen Worten nahm er aus einem Schrank ein großes Juwel von unschätzbarem Wert. „Es ist die Hälfte meines Nachlasses wert“, sagte er. „Damit kann ich mir doch sicher Schlaf kaufen.“ Und er ging hinaus in die Nacht.

Ironischerweise war die Nacht ungewöhnlich hellwach mit Sternen und der Mond stand fast in Vollmond. Als der Schlaflose zum Firmament hinaufblickte, schien es fast, als würde es ihn mit seiner strahlenden Wachheit verspotten. Von Horizont zu Horizont, im ganzen Himmel, war kein einziger Flaum von den Flügeln des Schlafes zu sehen. Zu seinen nach oben gerichteten Augen, die um die Gnade des Schlafes flehten, sandten die Sterne eine Antwort aus poliertem Stahl. Und so richtete er seinen Blick wieder auf die Erde. Auch dort wirkte alles, sogar die scharf geschnittenen Schatten, erbarmungslos wach. Es schien fast so, als hätte Gott seinem Universum den Segen des Schlafes entzogen.

Aber nein! Plötzlich stieß er einen Freudenschrei aus, als er plötzlich am Flussufer, das sich in einem Winkel seiner Granitböschung erstreckte, als wäre es ein Bett aus Daunen gewesen, auf einen großen Arbeiter traf, der tief und fest schlief, die Arme über dem Kopf und sein Gesicht war voll im Licht des Mondes. Sein Atem kam und ging mit der Regelmäßigkeit eines Mannes, der seine Tagesarbeit getan hat und gesund müde ist. Er schien große Schlucke vom Himmel zu trinken, so wie man Wasser aus einer Quelle trinkt. Er war schlecht gekleidet und offensichtlich ein Wanderer auf der Erde; aber obwohl er obdachlos war, war ihm die heilende Gabe zuteil geworden, um die der große Herr, der ihn ansah, monate- und jahrelang vergeblich gebetet hatte und für die er in dieser Nacht bereit war, die Hälfte – nein, die ganze – aufzugeben. seines Reichtums, wenn nötig –

Nur ein kleiner Schlafurlaub,
sanfter Schlaf, süßer Schlaf; ein kleiner beruhigender Psalm
vom Schlaf aus Deinen Zufluchtsorten der Ruhe.
Ein wenig Schlaf – egal wie tief;
Eine kleine fallende Feder von Deinem Flügel:
Barmherziger Herr – ist das etwas so Großes?

Der Schlaflose blickte den Schläfer lange an, fasziniert von dem Geheimnis und der Schönheit dieses seltsamen Geschenks, das ihm verwehrt worden war. Dann nahm er das Juwel in die Hand und betrachtete es, wobei er sich die Überraschung des Schlafenden vorstellte, als er am Morgen aufwachte und einen so unerwarteten Schatz in seinem Besitz fand, und alles, was der plötzliche Erwerb eines solchen Reichtums für ihn bedeuten würde. Aber wie ich zu Beginn sagte, Gott hatte ihm ein gutes Herz gegeben, und als er wieder auf den Schlaf des Mannes blickte, durchfuhr ihn ein Anflug von Besorgnis. Was waren schließlich weltliche Besitztümer im Vergleich zu diesem natürlichen Segen, den er dem Schlafenden rauben wollte? Wären alle seine Burgen dafür ein fairer Tausch? Und wollte er einen Mitmenschen der Folter aussetzen, die er bis zum Rande des Wahnsinns erduldet hatte?

Lange Zeit stand er über dem Schläfer und kämpfte mit sich selbst.

"NEIN!" sagte er schließlich. „Ich kann ihm nicht den Schlaf rauben", drehte er sich um und ging weiter.

Er ging schlaflos in die Morgendämmerung hinaus

Bald darauf kam er zu einer schönen Frau, die mit einem kleinen Kind im Arm schlief. Offensichtlich waren sie arme Ausgestoßene, und doch lagen sie ruhig da, als gehörten ihnen alle Reichtümer der Erde und als gäbe es morgen keine harte Welt, gegen die sie ankämpfen müssten. Wenn der Schlaf im Gesicht des schlafenden Arbeiters schön gewirkt hatte, um wie viel schöner erschien er hier, als er dieser armen Mutter und ihrem Kind seinen

Segen erwies. Wie vertrauensvoll sie da draußen in der schutzlosen Nacht in seinen Armen lagen, als vertrauten sie auf den Schutz der stets wachsamen Sterne. Sicherlich konnte er diesen Zufluchtsort des Schlafes nicht verletzen und daran denken, durch den Austausch seiner armseligen weltlichen Besitztümer Wiedergutmachung zu leisten. NEIN! er muss sich wieder auf den Weg machen. Aber zuerst nahm er einen Ring von seinem Finger und schob ihn sanft in die Hand des Babys. Die kleine Hand schloss sich mit der Festigkeit eines Babygriffs darüber. „Dort wird es bis zum Morgen sicher sein", sagte er sich und ließ sie schlafen.

So ging er durch die Stadt, und überall waren schlafende Gestalten und Häuser voller Schläfer, aber er konnte sich nicht dazu durchringen, seinen Plan auszuführen und sich Schlaf zu erkaufen. Schlaf war eine zu schöne und heilige Sache, als dass man ihn mit dem kostbarsten Stein erkaufen konnte, und der Mensch brauchte ihn am Ende jedes langen Tages so dringend.

So machte er sich auf den Weg, und schließlich, als die Morgendämmerung schon schwach am Himmel zu sehen war, befand er sich auf einem Kirchhof, und über einem der Gräber wuchs eine glänzende silberne Blume.

„Es ist die Blume des Schlafes", sagte der Schlaflose und beugte sich eifrig vor, um sie zu sammeln; Doch dabei fiel sein Blick auf eine Inschrift auf dem Stein. Es war das Grab eines schönen Mädchens, das aus Kummer um ihren Geliebten gestorben war.

„Vielleicht pflücke ich es nicht", sagte er. „Sie braucht auch ihren Schlaf."

Und er ging schlaflos in die Morgendämmerung hinaus.

DER MANN OHNE GELD

Eine Fabel für Kapitalisten

Es war einmal ein Mann, der plötzlich und traurig ohne Geld war. Mir ist bewusst, dass es heutzutage schwer ist, eine solche Geschichte zu glauben. Heutzutage hat jeder Geld, und es mag übertrieben erscheinen, eine Zeit vorzuschlagen, in der ein Mann seine Taschen durchsuchen und feststellen sollte, dass sie leer sind. Aber das ist nur ein Märchen; Daher vertraue ich darauf, dass der Leser mir helfen wird, indem er eine so scheinbar absurde Aussage als selbstverständlich ansieht.

Der Mann war ein Schmetterlingshändler in Ispahan gewesen, und obwohl seine Schmetterlinge zur Freude vielzüngiger und vielfarbiger Nationen durch die blühende Welt geflattert waren, fühlte er sich am Ende des Tages sehr arm und müde Mann.

Ihm blieb nur noch ein Trost und Gefährte – ein seltsamer schwarzer Schmetterling, den er in einem silbernen Käfig hielt und den er nur ab und zu ansah, wenn er ganz sicher war, dass er allein war. Er hatte alle seine anderen Schmetterlinge verkauft – alle Regenbogenflügel –, aber diesen dunklen Schmetterling würde er bis zum Ende behalten.

Könige und Königinnen hatten ihm in großer Trauer und Not große Summen für seinen schwarzen Schmetterling geboten, aber es war das einzige schöne Ding, das ihm noch geblieben war – also behielt er es aus Selbstsucht für sich. In der Zwischenzeit verhungerte er und wanderte obdachlos und ohne Nahrung durch die Landstraßen: sein Frühstück der Morgenstern, sein Abendessen der aufgehende Mond. Aber so traurig sein Herz und so leer sein Magen auch war, in seinen müden Augen flackerte immer noch Lachen; und er besaß auch einen sehr klugen Verstand, wie es ein Mann tun muss, der Schmetterlinge verkauft. Als er an einem Septembermorgen mitten in einem alten Wald sein Frühstück aus Brombeeren zubereitete, während die großen Brombeerkäfige mit den Früchten der Einsamkeit überladen waren, kam ihm eine Idee. Daraufhin suchte er einige einfache Bauern auf und sagte: „Warum lässt du diese Beeren in der Einsamkeit fallen und verdorren, wenn auf den Märkten der Welt für dich und deinen Haushalt viel Geld daraus gemacht werden kann? Sammle sie für mich." , und ich werde sie verkaufen und dir eine angemessene Vergütung für deine Arbeit geben.

Nun gehörten die Brombeeren natürlich nicht dem Schmetterlingshändler. Sie waren das kostenlose Geschenk Gottes an Menschen und Vögel. Aber daran haben die einfachen Bauern nie gedacht. Stattdessen versammelten sie

sie im Osten und Westen in Scheffel und Scheffel, und der Mann, der an diesem Septembermorgen kein Geld hatte, lächelte vor sich hin, als er ihnen ihren geringen Lohn zahlte und seine Taschen füllte, die zuvor so leer gewesen waren. mit dem Geld, das Gott und die Brombeeren und die Bauern für ihn gemacht hatten.

Dadurch wurde er so reich, dass er den dunklen Schmetterling im silbernen Käfig selten ansah – aber manchmal, in der Nacht, hörte er das Schlagen seiner Flügel.

DIE Lumpen der Königin Cophetua

Als der erste Glanz des verwirrten Glücks in ihrem neuen Anwesen aus ihren Augen verblasst war und das Wunder ihrer verblüffenden Verwandlung von einer wandernden Bettlermagd zu einer großen Königin auf einem Thron begann, ein wenig von seinem Wunder zu verlieren und zu verblassen Nachdem Königin Cophetua ihren Platz in den akzeptierten Realitäten des Lebens gefunden hatte, wurde sie sich zunehmend einer schwachen Unzufriedenheit und Unruhe in ihrem Herzen bewusst.

Tatsächlich hatte sie alles, was die Welt geben konnte, und sicherlich alles, was das Herz einer Frau begehren sollte. Die Liebe des Königs gehörte immer noch ihr, als er sie im Morgengrauen am Teich im Wald fand; und als Gegenleistung für die zerfetzten Lumpen, die das Seerosenweiß ihres Körpers kaum verdeckt hatten, waren zahllose Kleiderschränke mit Kleidungsstücken aller Art von subtilem Design und exquisitem Stoff gefüllt, deren Texturen hell wie die goldene Sonne und violett wie der dunkle Wein waren das Meer, schillernd wie der Regenbogen und weich wie Sommerwolken – um seine seltsame Schönheit vor den Augen des Königs besser zur Geltung zu bringen.

Und an jedem Tag des Jahres brachte ihr der König ein neues und unschätzbares Juwel, das sie um ihren Hals hängen oder an ihren mondstrahlenden Händen tragen oder in der duftenden Nacht ihres Haares strahlen konnte.

Ah! Was für ein magisches Werben war an diesem seltsamen Morgen in den Tiefen des Waldes gewesen! Die Sonne stand kaum über den Baumwipfeln, als sie am moosbewachsenen Fuß einer riesigen Buche aus dem Schlaf erwachte, und ihre ersten Strahlen verbreiteten einen feierlichen Zauber über ein großes Seerosenbecken und füllten ihre Elfenbeinbecher mit seltsamem Gold . Sie hatte eine Weile still gelegen und durch ihre schläfrigen Augenlider das sich entfaltende Wunder der Morgendämmerung beobachtet; Dann stand sie auf, kniete sich an den Teich, ließ ihr langes Haar herunter, das ihr fast bis zu den Füßen reichte, hatte es gekämmt und geflochten, mit dem Teich als Spiegel – einem Spiegel mit Seerosen als Rahmen. Und als sie sich selbst im klaren Wasser betrachtete, mit mädchenhaftem Glück über ihre eigene Schönheit, fiel ein Schatten über den Teich; und erschrocken sah sie neben ihrem eigenen Gesicht im Spiegel das Gesicht eines schönen jungen Ritters, wie es schien, der sich über ihre Schulter beugte. In Angst und mädchenhafter Bescheidenheit – denn ihr Haar war nur zur Hälfte geflochten, und ihr Busen glänzte weißer als jede Seerose im Teich im Morgensonnenlicht – drehte sie sich um und blickte dem König in die Augen.

Ohne sich zu bewegen blickte jeder den anderen wie in einem Traum an – die Augen waren tief in den Augen versunken.

Endlich fand der König die Stimme zum Sprechen.

„Du musst eine Fee sein", hatte er gesagt, „denn du bist sicherlich zu schön, um ein Mensch zu sein!"

„Nein, mein Herr", hatte sie geantwortet, „ich bin nur ein armes Mädchen, das mit meiner Laute von Dorf zu Dorf und von Stadt zu Stadt wandert und meine kleinen Lieder singt."

„Du sollst nicht mehr umherwandern", sagte der König. „Komm mit mir, und du wirst auf einem Thron sitzen und meine Königin sein, und ich werde dich für immer lieben."

Aber sie konnte vor Angst und Freude kein Wort antworten.

Und damit nahm der König sie bei der Hand und setzte sie auf sein Pferd, das in der Nähe graste; und er stieg hinter ihr auf und ritt mit ihr in seinen Armen zur Stadt, und die ganze Zeit blickten ihre Augen in seine Augen, als sie sich an seine Schulter lehnte, und seine Augen blickten tief in ihre hinein – aber sie sprachen kein Wort Wort. Nur einmal, am Waldrand, hatte er sich zu ihr gebeugt und sie auf die Lippen geküsst, und es war beiden, als würde ihnen der Himmel mit all seinen Sternen ins Herz fallen.

Als sie, umgeben von staunenden Menschenmengen, durch die Stadt zum Palast ritten, schmiegte sie sich näher an seine Seite, wie ein verängstigter Vogel, und wie ein wilder Vogel blickten ihre großen Augen voller Schrecken und Freude in die seinen. Trotz all des Gemurmels der Menschen um sie herum bewegte sie sie kein einziges Mal nach rechts oder links. Der König sah nichts anderes als ihr Seerosengesicht, als sie so im Traum durch die überfüllten Straßen gingen und schließlich die Marmorstufen des Palastes erreichten.

Dann sprang der König von seinem Pferd, nahm sie zärtlich in die Arme und trug sie leichtfüßig die Marmorstufen hinauf. Auf der obersten Stufe setzte er sie ab, und als sie schüchtern an seiner Seite stand, nahm er ihre Hand in die seine, wandte sein Gesicht der Menge zu und sprach …

„Siehe, mein Volk", sagte er, „das ist deine Königin, die Gott mir durch ein göttliches Wunder gesandt hat, um von diesem Tag an über eure Herzen zu herrschen, so wie sie über meines herrscht. Mein Volk, grüßt eure Königin."
!"

Und damit kniete der König auf einem Knie vor seiner Bettlermagd nieder und küsste ihr die Hand; Und das ganze Volk kniete ebenfalls mit gesenkten Häuptern nieder, und ein lautes Geschrei erhob sich.

„Unsere Königin! Unsere Königin!"

Dann gingen der König und die Königin in den Palast, und die ermüdenden Mägde führten die kleine Bettlermagd in ein großes Zimmer, das mit Wandteppichen und vielen Spiegeln geschmückt war, und sie zogen ihr das zerschlissene Gewand von ihrem weißen Körper ab, das sie in der Nacht getragen hatte Wald, und kleidete sie in duftendes Leinen und goldenes Tuch und legte Juwelen an ihren Hals und in ihr Haar; Und am Abend legte der König in der Kathedrale vor dem Hochaltar in Gegenwart des ganzen Volkes einen Saphir, schön wie der Abendstern, auf ihren Finger, und die beiden wurden Mann und Frau; Und der Mond ging auf, und das kleine Bettlermädchen war eine Königin und lag in den Armen eines großen Königs.

Am nächsten Morgen berief der König einen berühmten Metallarbeiter an seinem Hof und befahl ihm, eine schöne Truhe aus geschlagenem Gold anzufertigen, in die er das kleine, zerlumpte Gewand seiner Bettlermagd legen sollte; denn es war ihm wegen seiner großen Liebe sehr heilig. Nach einiger Zeit war die Kassette fertig und wurde als Meisterwerk des großen Kunsthandwerkers gefeiert, der sie geschaffen hatte. An den Seiten war die Liebesgeschichte des Königs eingeprägt. Auf der einen Seite befand sich der Teich mit den Seerosen und an dessen Rand die Bettlermagd ihr Haar flocht. Und auf einem anderen ritt sie mit dem König zu Pferd durch den Wald. Und auf einem anderen stand sie an seiner Seite auf den Stufen des Palastes vor dem ganzen Volk. Und auf der vierten Seite kniete sie an der Seite des Königs vor dem Hochaltar im Dom.

Der König stellte die Truhe in einer geheimen Galerie neben den königlichen Gemächern ab und legte sehr behutsam das kleine zerschlissene Kleid und die Laute hinein, mit denen seine Königin von Dorf zu Dorf und von Stadt zu Stadt zu wandern pflegte und dabei ihre kleinen Lieder sang.

Oftmals am Abend, wenn sein Herz von der Zärtlichkeit seiner Liebe überströmte, überredete er seine Königin, ihre wunderschönen königlichen Gewänder abzulegen und sich wieder in das kleine, zerschlissene Kleid zu kleiden, durch dessen Risse ihr weißer Körper weißer als jedes Wasser zu sehen war -Lilien. Und so reich oder erlesen auch die anderen Kleidungsstücke waren, die sie trug, in diesen geliebten Lumpen sah sie am schönsten aus, erklärte der König. In ihnen liebte er sie am meisten.

Aber das war schon eine Weile her, und obwohl, wie bereits gesagt wurde, die Liebe des Königs immer noch ihr galt, so wie damals, als er sie an jenem seltsamen Morgen im Wald getroffen hatte, und obwohl er ihr jeden Tag ein neues und unschätzbares Juwel mitbrachte, an dem sie hängen konnte Ihren

Hals zu tragen oder sie auf ihren mondstrahlenden Händen zu tragen oder in der duftenden Nacht ihrer Haare zu strahlen, es war viele Monate her, seit er sie gebeten hatte, das kleine zerschlissene Kleid für ihn zu tragen.

Hat das Wunder ihrer Liebe auch für ihn ein wenig von seinem Wunder verloren? Fing es an, seinen Platz in der akzeptierten Realität des Lebens einzunehmen?

Manchmal bildete sich die Königin ein, dass er ein wenig ungeduldig mit ihrem elfenhaften, vogelähnlichen Verhalten schien, als würde er sich in seinem Herzen allmählich wünschen, dass sie mehr im Einklang mit den Menschen um sie herum wäre, eher wie die weltlichen Hofdamen ihre großartigen Manieren und ihr künstliches Lächeln. Denn obwohl sie schon seit langer Zeit Königin war, hatte sie sich nie verändert. Sie war immer noch das wilde Kind mit dem Zigeunerherz, das der König an jenem Morgen beim Lilienteich beim Flechten ihrer Haare gefunden hatte.

Oftmals schlich sie sich allein davon und betrat diese geheime Galerie, hob den Deckel der goldenen Truhe, blickte wehmütig auf das kleine, zerschlissene Gewand und ließ ihre Hände über die rissigen Saiten ihrer kleinen Laute gleiten.

In der Galerie gab es ein langes Fenster, durch das sie in der Ferne die große grüne Wolke des Waldes sehen konnte; und im Laufe der Tage saß sie oft an diesem Fenster und blickte in seine Richtung, mit vagen, ungeformten Gefühlen der Traurigkeit im Herzen.

Eines Tages, als sie dort am Fenster saß, überkam sie ein Impuls, dem sie nicht widerstehen konnte, und schnell schlüpfte sie aus ihren schönen Gewändern, nahm das kleine Gewand aus der Truhe und kleidete sich in die Lumpen, die der König so geliebt hatte . Und sie nahm die alte Laute in ihre Hände und sang leise vor sich hin ihre alten Wanderlieder. Und sie tanzte auch, einen Elfentanz, ganz allein dort in der stillen Galerie, tanzte wie die Apfelblüten im Frühlingswind tanzen oder wie die Herbstblätter in den Tiefen des Waldes tanzen.

Plötzlich hörte sie erschrocken auf. Der König hatte die Galerie unbemerkt betreten und beobachtete sie mit traurigen Augen.

„Bist du es leid, eine Königin zu sein?" sagte er traurig.

Als Antwort warf sie sich an seine Brust und weinte bitterlich, sie wusste nicht warum.

„Oh, ich liebe dich! Ich liebe dich", schluchzte sie, „aber dieses Leben ist nicht real."

Und der König verließ sie schweren Herzens.

Und von Tag zu Tag lag eine unausgesprochene Trauer zwischen ihnen; und von Tag zu Tag verfolgten die Worte des Königs die Königin mit einem eindringlicheren Refrain:

„Bist du es leid, eine Königin zu sein?"

War sie es leid, eine Königin zu sein?

Und so vergingen die Tage.

Eines Tages, als die Königin die Palasttreppe hinunterging, traf sie auf ein wunderschönes Mädchen, das wie früher in Fetzen gekleidet war und auf der untersten Stufe saß und Blumen verkaufte – Seerosen.

Die Königin blieb stehen.

„Wo hast du deine Seerosen gesammelt, Kind?" Sie fragte.

„Ich habe sie aus einem Teich im großen Wald dort drüben gesammelt", antwortete das Mädchen mit einem Knicks.

„Gib mir eins davon", sagte die Königin mit einem Schluchzen in der Stimme, drückte dem Mädchen ein Stück Gold in die Hand und floh zurück in den Palast.

Als sie in dieser Nacht wach neben ihrem schlafenden König lag, erhob sie sich schweigend und schlich sich in die geheime Galerie. Dort liefen ihr die Tränen über die Wangen, sie zog sich das kleine, zerschlissene Kleid an, nahm die Laute in die Hand, schlich sich dann zurück und drückte ihrem schlafenden König, der immer noch schlief, einen letzten Kuss auf die Stirn.

Doch bei Sonnenaufgang erwachte der König mit plötzlicher Angst im Herzen, und siehe da! Wo seine Königin gelegen hatte, war nur eine weiße Seerose.

Und in diesem Moment flocht in den Tiefen des Waldes eine Bettlermagd ihr Haar, mit einem Teich aus Seerosen als Spiegel.

DIE FRAU AUS DEM FÄCHENLAND

Sie redete von allen Dingen des Waldes,
von kleinen Leben, die
an einem grünen Nachmittag vergehen,
tief im verwunschenen Gras.

Denn sie war aus dem Märchenland gekommen,
am Morgen eines Tages,
als die Welt, die noch April war,
sich in Mai verwandelte.

Grüne Blätter und Stille und zwei Augen –
So kam sie mir vor;
Ein silberner Schatten des Waldes –
Flüstern und Geheimnis.

Ich blickte in ihre Waldaugen
, und mein ganzes Herz gehörte ihr;
Und dann führte ich sie an der Hand
Heim über meine Marmortreppe.

Und all mein Granit und mein Gold
gehörten ihr für ihre grünen Augen,
und mein ganzes sündiges Herz gehörte ihr,
von Sonnenuntergang bis Sonnenaufgang.

Ich schenkte ihr all die Freude und Leichtigkeit
, die Gott mir gegeben hatte,
ich hörte zu, um ihre Träume zu erfüllen,
voller Erwartung.

Aber alles, was ich gab und alles, was ich tat,
brachte nur ein müdes Lächeln
der Dankbarkeit auf ihr Gesicht –
als ob, für eine kleine Weile,

Sie schlenderte in der Pracht
von Marmor und Gold herum
und wartete darauf, wieder zu Hause zu sein,
als die langweilige Geschichte erzählt wurde.

Manchmal fand ich sie in den kühlen Galerien
unsichtbar, wie sie meinte, ungehört,
wie ein Blatt tanzend
und wie ein Vogel singend.

So einsam, etwas, das ich noch nie gesehen habe
In einsamer Erde und Himmel;
So ein fröhliches und so trauriges Ding –
ein trauriges, ein lachendes Auge.

eine wilde Waldblüte
auf ihrem Herzen lag
und die Welt, die noch April war,
sich in Mai verwandelte.

In ihren grünen Augen sah ich ein Lächeln
, das mein Herz in Stein verwandelte –
meine Frau, die aus dem Märchenland kam,
war nicht mehr allein.

Denn da war eine kleine Hand gekommen
, die den grünen Weg nach Hause zeigte,
nach Hause durch die Blätter, nach Hause durch den Tau,
nach Hause durch den grünen Wald – nach Hause.

DER KÄUFER VON SORGEN

An einem Abend mit einzigartigem Sonnenuntergang, etwa zu Beginn des reichen Mais, wurde die kleine Marktstadt Beethorpe durch den Klang einer Trompete aufgeschreckt.

Beethorpe war eine antike Stadt, die vor Jahrhunderten auf mysteriöse Weise wie eine wandernde Distel menschlichen Lebens inmitten der Stille und der knabbernden Schafe der großen Kreidefelsen angelegt wurde. Es stand in einer Mulde der langen, glatten Wellen heller Weide, die auf allen Seiten sanft in den Himmel übergingen. Der Abend war so still, dass der kleine Fluss, der über die Schwelle der Stadt floss und die Reste der alten Mauern umgab, das lauteste Geräusch war, das man hören konnte, und mit seinem geschwätzigen Murmeln das Schlafenszeitgewirr der High Street dominierte.

Plötzlich, als die Pracht des Himmels zu verblassen drohte und die Welt einen verlassenen, vergessenen Ausdruck annahm, ertönte eine Trompete von den westlichen Höhen über der Stadt, als hätte der Sonnenuntergang selbst gesprochen; und die Leute in Beethorpe blickten auf und sahen drei Reiter vor dem grellen Himmel.

Dreimal erklang die Trompete.

Und die einfachen Leute von Beethorpe , die auf den Ruf hinaus auf die Straße stolperten und mit schläfriger Verwirrung nach Westen blickten, fragten sich: War es die letzte Posaune? Oder war es die seit langem drohende Invasion des Königs von Frankreich?

Erneut blies die Trompete, und dann eilten die mutigeren jungen Männer der Stadt den Hügel hinauf, um die Bedeutung zu erfahren.

Als sie sich den Reitern näherten, bemerkten sie, dass in der Mitte der drei ein junger Mann von großer edler Haltung war, reich, aber düster gekleidet und mit einem dunklen, schönen Gesicht, das von stolzer Melancholie erfüllt war. Er hielt seinen Blick auf den verblassenden Sonnenuntergang gerichtet, saß regungslos auf seinem Pferd und schien sich der Aufregung, die seine Ankunft verursacht hatte, nicht bewusst zu sein. Der Reiter zu seiner Rechten war nach Art eines Herolds gekleidet, und der Reiter zu seiner Linken war nach Art eines Verwalters gekleidet. Und die drei Reiter saßen regungslos da und warteten auf die verwirrten Botschafter von Beethorpe .

Als diese nahe genug herangekommen waren, setzte der Herold noch einmal die Trompete an seine Lippen und blies; und dann entfaltete er eine Pergamentrolle und las mit lauter Stimme:

„An das Volk von Beethorpe – Gruß vom Hohen und Mächtigen Herrn, Mortimer der Marken:

„Während unser Herz sich den Sorgen unseres Volkes in den Landkreisen, Städten und Dörfern unseres Herrschaftsbereichs zugewandt hat, verkünden wir hiermit, dass jeder, der Kummer hat, ihn hervorbringen soll; und zwar aus unserem privaten Geldbeutel." , wird den besagten Kummer entsprechend seinem Wert erkaufen – damit die Herzen unseres Volkes von seinen Lasten erleichtert werden."

Und als der Herold mit dem Lesen fertig war , blies er noch einmal dreimal in die Posaune; und die Dorfbewohner sahen einander verwirrt an – aber einige rannten den Hügel hinunter, um ihren Nachbarn von dem seltsamen Vorschlag ihres Herrn zu erzählen. So bahnte sich nun fast das gesamte Dorf Beethorpe den Weg den Hügel hinauf zu der Stelle, wo diese drei Reiter am Abendhimmel aufragten.

Noch nie gab es ein so trauriges Unternehmen. Sie kamen den Hügel hinauf und trugen ihren Kummer in ihren Händen – Kummer, nach dem sie in aufgeregter Eile alte Schubladen und vergessene Schränke durchsucht hatten und sogar eilig auf den Kirchhof gerannt waren.

Der Herold setzte die Posaune noch einmal an seine Lippen und blies

Lord Mortimer von den Marken saß mit der gleichen strengen Gleichgültigkeit auf seinem Pferd, sein melancholisches Profil hob sich vor dem verblassenden Himmel ab. Nur diejenigen, die in seiner Nähe standen, bemerkten ein freundlich-ironisches Lächeln in seinen Augen, als er, scheinbar nichts sehend, die armen, kleinen, aufgewühlten Sorgen seines Dorfes Beethorpe sah .

Er war ein fantastischer junger Herr vieler Sorgen. Sein Herz war auf sehr seltsame Weise gebrochen worden. Tod und Mitleid waren seine engsten Freunde. Er war selbst so traurig, dass ihm klar geworden war, dass Trauer die einzige Aufrichtigkeit des Lebens ist. So war die Trauer bei ihm zu einer Art Leidenschaft geworden, sogar zu einer Art Genießertum; und er war sozusagen gekommen, um ein Kummersammler zu sein. Es war teils Mitleid, teils eine seltsame Form von Dilettantismus – denn sein eigenes trauriges Herz machte ihn mit jedem anderen traurigen Herzen bemitleidenswert und freundschaftlich mit ihm; aber die Aufrichtigkeit seines Kummers machte ihn neidisch auf die Heiligkeit des Kummers und gleichzeitig zu einer strengen Kritik und traurigen Belustigung über die Heuchelei des Kummers.

Als er also auf seinem Pferd saß und den Sonnenuntergang betrachtete, lächelte er traurig vor sich hin, als er, ohne es zu hören, die kleinen, unaufrichtigen Sorgen seines Dorfes Beethorpe hörte – Sorgen, die vor langer Zeit vergessen waren, aber plötzlich in alten Schubladen wiederentdeckt wurden ungeöffnete Schränke, beim Klang der Trompete seiner Lordschaft und der Verheißung seiner seltsamen Proklamation.

Gab es einen Kummer auf der Welt, den man mit Geld nicht kaufen konnte?

Um solch ein Leid zu empfinden, ritt Lord Mortimer mit Herold und Verwalter auf fantastische Weise von Dorf zu Dorf seiner Ländereien.

Der unverkäufliche Kummer – der Kummer, den kein Gold vergolden, kein Juwel kaufen kann!

Weit und breit war er über seine Ländereien geritten, auf der Suche nach einem so seltenen Kummer; aber er hatte bisher noch keinen Kummer gefunden, den er nicht mit einem Säckchen voller Gold- und Silbermünzen hätte erkaufen können.

So setzte er sich auf sein Pferd, während die Dorfbewohner von Beethorpe vom Verwalter aus einem großen Lederbeutel bezahlt wurden – denn der Verwalter verstand die Gedanken seines Herrn und bezahlte, ohne ihn zu beunruhigen, jeden weinenden und wimmernden Bauern so, wie er es für richtig hielt.

In einer anderen großen Tasche hatte der Verwalter die Sorgen des Dorfes Beethorpe gesammelt ; und dabei ging der Mond auf, und mit einem weiteren Trompetenstoß zum Abschied machten sich die drei Reiter wieder auf den Weg zum Schloss von Lord Mortimer.

Als sie aus der großen Ledertasche in Lord Mortimers Kabinett die Sorgen von Beethorpe auf den Tisch schütteten , lächelte der junge Lord vor sich hin und drehte einen Schmerz nach dem anderen um, als wären es Edelsteine gewesen – denn das gab es nicht ein echter Kummer unter ihnen.

Doch später erreichte ihn die Nachricht, dass es in Beethorpe ein echtes Leid gäbe ; und er ritt allein zu Pferd ins Dorf und fand ein schönes Mädchen, das Blumen auf ein Grab legte. Sie war so schön, dass er seinen alten Kummer vergaß und dachte, dass all seine Burgen nur ein schlechter Tausch für ihr Gesicht sein würden.

„Jungfrau", sagte er, „lass mich deinen Kummer erkaufen – mit drei Landkreisen und sieben Burgen."

Und das Mädchen sah vom Grab zu ihm auf, mit Augen wie ein Vergissmeinnicht, und sagte: „Mein Herr, Sie irren sich. Das ist kein Kummer. Es ist meine einzige Freude."

DER SPIEGEL DER PRINZESSIN

Die Sonne war kaum aufgegangen, aber die junge Prinzessin saß bereits an ihrem Fenster. Noch nie öffnete sich ein Fenster zu einer Szene von solch einem Zauber. Noch nie ist die Morgendämmerung über einem so schönen Land aufgegangen. So frische Wiesen und so grünes Gras, Flüsse von so mystischem Silber und ferne Berge von so majestätischem Lila, dass kein Auge außerhalb des Paradieses gesehen hat; und über allem breitete sich nun das Märchenland des Morgenhimmels aus.

Sogar eine Prinzessin könnte früh aufstehen, um ein solch magisches Schauspiel zu sehen.

Doch seltsamerweise blickte die Prinzessin nicht auf dieses Wunder. Tatsächlich schien sie sich dessen überhaupt überhaupt nicht bewusst zu sein – nichts zu bemerken von allem, was am Himmel vor sich ging, und von all dem taufrischen Erwachen der Erde.

Ihre Augen waren in Trance über etwas versunken, das sie für eine seltenere Schönheit, ein seltsameres Wunder hielt. Die Prinzessin betrachtete ihr eigenes Gesicht in einem goldenen Spiegel.

Ihre einzige Sorge bestand darin, den ganzen Tag in ihr eigenes
Gesicht zu blicken

Und tatsächlich war es ein wunderschönes Gesicht, das sie dort sah, so schön, dass man der Prinzessin wohl verzeihen könnte, wenn sie es für das schönste Gesicht der Welt hielt. Sie war von ihrer eigenen Schönheit so fasziniert, dass sie ihren Spiegel immer am Gürtel trug und ihn Tag und Nacht betrachtete. Immer wenn sie etwas Schönes sah, blickte sie in den Spiegel und lächelte vor sich hin.

Sie hatte die schönste Rose der Welt angeschaut, und dann hatte sie in ihren Spiegel geschaut und gesagt: „Ich bin schöner.“

Sie hatte zum Morgenstern geschaut, und dann hatte sie in ihren Spiegel geschaut und gesagt: „Ich bin schöner.“

Sie hatte auf den aufgehenden Mond geschaut, und dann hatte sie in ihren Spiegel geschaut und immer noch gesagt: „Ich bin schöner.“

Wann immer sie von einem schönen Gesicht in ihrem Königreich hörte, ließ sie es sich vorführen, und dann schaute sie in ihren Spiegel, und immer lächelte sie vor sich hin und sagte: „Ich bin schöner.“

So kam es, dass ihre einzige Sorge darin bestand, den ganzen Tag ihr eigenes Gesicht zu betrachten. Sie war so verliebt darin geworden, dass sie es sogar hasste, zu schlafen; Aber nicht einmal im Schlaf verlor sie das schöne Gesicht, das sie liebte, denn es war immer noch im Spiegel ihrer Träume zu sehen. Doch oft wachte sie nachts auf, um es zu betrachten, und immer stand sie im Morgengrauen auf, um mit den ersten Sonnenstrahlen in ihren Spiegel zu schauen. So saß sie von der aufgehenden Sonne bis zum untergehenden Mond an ihrem Fenster und ließ den Blick nie von den schönen Augen los, die sie ansahen, und der längste Tag im Jahr war nicht lang genug, um ihren Blick zu erwidern.

Dieser besondere Morgen war ein Morgen im Mai – voller Blüte und Gesang, dicht gedrängte Blätter und dichter werdendes Gras. Das Tal war ein Nebel aus Blüten, und die Luft erfüllte das Zwitschern unzähliger Vögel. Sanfte, taufrische Düfte wehten in der wehenden Brise hin und her. Aber die Prinzessin nahm diese Dinge nicht zur Kenntnis, war im Traum ihres Gesichts versunken und sah die Veränderungen der Morgendämmerung nur, als sie sich in ihrem Spiegel spiegelten und ihre Schönheit mit ihren Regenbogentönen erfüllten. Sie war so in ihren Traum vertieft , dass sie, als ein Vogel in ihrer Nähe landete und plötzlich zu singen begann, so erschrak, dass ihr der Spiegel aus der Hand rutschte.

Nun befand sich das Fenster der Prinzessin in der Mauer einer alten Burg, die hoch über dem Tal erbaut war, und darunter fiel der Boden steil ab, bedeckt mit Unterholz und dichtem Gras, bis zu einer weit darunter gelegenen, sich windenden Landstraße. Als der Spiegel der Hand der Prinzessin entglitt, fiel er ins Unterholz und rollte glitzernd den Hang hinunter, bis die Prinzessin ihn schließlich in einem Gürtel wilder Blumen über der Landstraße aus den Augen verlor.

Als er schließlich verschwand, schrie sie so laut, dass die Hofdamen erschrocken auf sie zuliefen und sofort Bedienstete losgeschickt wurden, um nach dem verlorenen Spiegel zu suchen. Es war ein sehr schöner Spiegel, das Werk eines Goldschmieds, der für seine fantastischen Meisterwerke aus Edelmetallen berühmt war. Die Fantasie, die er geschickt verkörpert hatte, war die der Schönheit wie die Kerze, die die Motten anlockt. Der Griff des Spiegels, der aus Elfenbein bestand, stellte die Kerze dar, deren goldene Flamme kreisförmig umherschwang, um den Kristall zu halten. Hier und da waren auf der goldenen Rückseite des Spiegels Motten mit Flügeln aus Emaille und Edelsteinen eingraviert. Es war ein Wunder der Goldschmiedekunst und als solches unbezahlbar. Wie wir wissen, liebte die Prinzessin es jedoch nicht nur deshalb, sondern auch, weil es so lange der Intimbereich ihrer Schönheit gewesen war. Aus diesem Grund war es in ihren Augen heilig geworden, und als sie zusah, wie es den Hang hinunterrollte, wurde ihr klar, dass es für sie auch einen abergläubischen Wert erlangt hatte. Es schien fast so, als würde der Verlust dieser Schönheit auch den Verlust ihrer Schönheit bedeuten. Voller Panik rannte sie zu einem anderen Spiegel. NEIN! Ihre Schönheit blieb immer noch. Aber kein anderer Spiegel konnte für sie jemals so sein wie der Spiegel, den sie verloren hatte. So vergaß sie für einen Moment ihre Schönheit, weinte und riss sich die Haare und schlug in ihrem Elend ihre ermüdenden Mägde; und als die Männer von ihrer Suche ohne den Spiegel zurückkehrten, gab sie den Befehl, sie wegen ihres Versagens gründlich auspeitschen zu lassen.

Währenddessen ruhte der Spiegel friedlich zwischen den wilden Blumen und dem Summen der Bienen.

Kurze Zeit nachdem die Diener ausgepeitscht und die müden Mägde geschlagen worden waren, kam ein müder Minnesänger die weiße Straße am Fuße der Burg entlang. Er sang aus der Traurigkeit seines Herzens vor sich hin. Er war vierzig Jahre alt, und der Austausch, den ihm das Leben für seine Träume geboten hatte, schien ihm kein fairer Gegenwert zu sein. Er war sogar seiner eigenen Lieder überdrüssig geworden.

Er saß niedergeschlagen inmitten der grünen Gräser und blickte zum uralten Himmel auf – und dachte bei sich. Dann richtete er plötzlich seine müden Augen wieder auf die Erde und sah dort die Gänseblümchen wachsen und die Schmetterlinge von Blüte zu Blüte flattern. Und als er sie betrachtete, kam ihm der Weg lang vor – länger als je zuvor. Er nahm seine alte Laute in die Hand und fragte sich, ob sie noch eine andere Melodie spielen könnten. Sie waren so verliebt ineinander – und einander so überdrüssig.

Er spielte eines seiner alten Lieder, dessen er herzhaft überdrüssig war, und während er spielte, schwirrten die Schmetterlinge um ihn herum und füllten sein altes Haar mit blauen Flügeln.

Er war vierzig Jahre alt und sehr müde. Er war alleine. Seine letzte Nachtigall hatte aufgehört zu singen. Für ihn war die Zeit gekommen, in der man an den Kamin, den Herd und die schönen alten Erinnerungen denkt und sogar davon träumt.

Kurz gesagt, er hatte den Lebensabschnitt erreicht, in dem man beginnt, die Schönheit des Geldes wahrzunehmen.

Als Junge hatte er nie einen Gedanken an Gold oder Silber verschwendet. Ein Schmetterling war ihm wertvoller vorgekommen als ein Goldstück. Aber er wurde älter und begann, wie ich bereits sagte, die Schönheit des Geldes zu erkennen.

Die Gänseblümchen waren überall um ihn herum und die Lerche sang dort oben am Himmel. Aber wie konnte er ein Gänseblümchen einlösen oder einen Spaß aushandeln?

Träume waren schließlich Träume ... Er sagte sich das, als sein Blick plötzlich auf den Spiegel der Prinzessin fiel, der dort im Gras lag – so voller Schmetterlinge, die sich selbst ansahen, dass es kein Wunder war, dass die Diener hatte es nicht finden können.

Der Spiegel der Prinzessin bestand, wie ich bereits sagte, aus Gold und Elfenbein, wunderschönem Kristall und vielen Edelsteinen.

Als der Spielmann es aus dem Gras in die Hand nahm, dachte er – nun ja, dass er vielleicht in der nächsten Stadt wenigstens ein Frühstück kaufen könnte. Denn er war sehr hungrig.

Nun, er holte den Spiegel und versteckte ihn in seinem verblassten Wams und machte sich auf den Weg zu einem Wald voller lebendigem Grün, und als er allein war – das heißt allein mit ein paar Blumen und einem oder zwei Vögeln und einer Million Blättern und das leise Singen eines kleinen Flusses, der seine Musik unter vielen Zweigen verbirgt – er holte den Spiegel aus seinem Wams.

Schande über ihn! Er, ein Dichter des Regenbogens, hatte nur einen Gedanken, als er den Spiegel ergriff: das Gold und Elfenbein und die Edelsteine. Er dachte nur an sie und sein Frühstück.

Aber als er in den Spiegel schaute und erwartete, sein eigenes altes Gesicht zu sehen – was sah er? Er sah etwas so Schönes, dass er, genau wie die Prinzessin, den Spiegel fallen ließ. Haben Sie jemals die wilde Rose gesehen, wie sie ihr Herz dem Morgenhimmel öffnet? Haben Sie jemals den Weißdorn gesehen, der in seinen duftenden Armen seine unzähligen Blüten hält? Haben Sie den Aufgang des Mondes gesehen oder dem Morgenstern ins Gesicht geblickt?

Der Minnesänger schaute in den Spiegel und sah etwas weitaus Wunderbareres als all diese wundervollen Dinge.

Er sah das Gesicht der Prinzessin – das ewige Spiegelbild darin; denn ihre Liebe zu ihrem eigenen schönen Gesicht hatte den Spiegel in ein magisches Glas verwandelt. Sich selbst anzubeten ist die einzige Möglichkeit, ein schönes Gesicht zu machen.

Und als der Minnesänger in den Spiegel schaute , wurde ihm traurig klar, dass er sich nie dazu durchringen konnte, es zu verkaufen – und dass er auf sein Frühstück verzichten musste. Der Mond war vom Himmel in seine Hand gefallen. Konnte er, ein Dichter, diesen himmlischen Glücksfall gegen eine Mahlzeit und ein neues Wams eintauschen ? Als der Minnesänger immer wieder auf das schöne Gesicht blickte, wurde ihm klar, dass er den Spiegel genauso wenig verkaufen konnte wie seine eigene Seele – und auf seiner Pilgerreise durch die Welt hatte er viele Angebote für seine Seele erhalten. Auch viele Könige und Kapitäne hatten vergeblich versucht, ihm seine Gabe des Mutes abzukaufen.

Aber der Minnesänger hatte keines von beiden verkauft. Und nun war ein weiteres kostbares Ding vom Himmel gefallen, das es zu behüten galt – das schönste Gesicht der Welt. Als er in den Spiegel blickte, vergaß er seinen Hunger, vergaß sein verblasstes Wams, vergaß die lange Trauer seiner Tage – und schließlich ging die untergehende Sonne. Plötzlich erwachte der Minnesänger aus seinem Traum, als er das Geräusch der Reiter im Tal hörte. Die Prinzessin schickte Herolde in jeden Winkel ihres Herrschaftsbereichs, um den Verlust des Spiegels zu verkünden und für seine Rückkehr eine wunderschöne Belohnung – eine Locke ihres seltsamen Haars.

Der Minnesänger versteckte sich mit seinem Schatz inmitten des Farnkrauts, und als die Trompeten in der Ferne verklungen waren, fand er die Landstraße wieder und machte sich auf den Weg.

Nun geschah es, dass eine Spülmagd des Schlosses, während sie gerade einen Kupfertopf polierte, den Blick von ihrer Arbeit hob und, während sie auf die Landstraße hinabblickte, sah, wie der Minnesänger den Spiegel aufhob. Er war ein sehr bekannter Minnesänger. Alle Küchenmädchen und alle Prinzessinnen hatten seine Lieder auswendig.

Sogar die Vögel sangen angeblich seine Lieder, während sie bei ihrem luftigen Geschäft hin und her flatterten .

So erfuhr die Prinzessin durch die kleine Spülmagd, dass der Spiegel von dem wandernden Minnesänger gefunden worden war, und so wurde sein Leben zu einem Leben voller Gefahr. Banditen, die auf die Belohnung dieser seltsamen Haarlocke hofften, jagten ihn durch die Wälder, über die Sümpfe und über die Moore.

Juden mit großen Geldsäcken kamen, um bei ihm zu kaufen – dem schönen Gesicht. Manchmal musste er auf Bäume klettern, um es im Sonnenaufgang zu betrachten, so erfüllt waren die Wälder von den Stimmen seiner Verfolger.

Aber weder Hunger, noch Armut, noch kleine, wilde Feinde konnten ihm das schöne Gesicht nehmen. Es hat sein Herz nie verlassen. Die ganze Nacht und den ganzen wachen Tag drückte es sich eng an seine Seite.

Unterdessen war die Prinzessin verzweifelt. Immer mehr befiel sie die Vorstellung, dass mit dem verlorenen Spiegel auch ihre Schönheit verloren ging. In ihrem Unglück suchte sie, wie alle traurigen Menschen, seltsame Fluchtwege. Sie konsultierte die Sterne und empirische Kräfte aus den vier Winden ließen sich auf ihrem Schloss nieder. Jeder hatte natürlich sein eigenes unschätzbares Allheilmittel; und alle gingen ihren Weg. Denn keiner von ihnen verstand das Herz eines Dichters.

Doch schließlich kam der Prinzessin ein ehrwürdiger alter Mann von neunzig Jahren zu Hilfe, ein berühmter Seher, der tief und sanft und erbärmlich in den Herzen der Menschen gelehrt war. Er besaß jene Weisheit, die aus großer Güte resultiert. Er verstand die Prinzessin, und er verstand den Spielmann; denn nachdem er so lange allein mit dem Unendlichen gelebt hatte, verstand er das Endliche.

Für ihn war die Prinzessin wie ein kleines Kind, und sein altes, weises Herz wandte sich ihr zu.

Und wie gesagt, sein Herz verstand den Minnesänger auch.

Deshalb sagte er zur Prinzessin: „Ich kenne die Herzen der Dichter. In sieben Tagen werde ich dir deinen Spiegel zurückbringen."

Und der alte Mann ging und fand endlich den Dichter, der mitten im Wald Waldbeeren aß.

„Das ist ein wunderschöner Spiegel, den du an deiner Seite hast", sagte der alte Mann.

„Dieser Spiegel", antwortete der Dichter, „hält in seinen Tiefen das schönste Gesicht der Welt."

„Es ist wahr", sagte der weise alte Mann. „Ich habe das schöne Gesicht gesehen ... aber ich besitze auch einen Spiegel. Wirst du hineinschauen?"

Und der Dichter nahm dem alten Mann den Spiegel und schaute; und als er hinsah, fiel der Spiegel der Prinzessin vernachlässigt ins Gras ...

„Warum", sagte der weise alte Mann, „lässt du den Spiegel der Prinzessin fallen?"

Aber der Dichter gab keine Antwort – denn seine Augen verloren sich in dem seltsamen Spiegel, den der weise alte Mann ihm gebracht hatte.

„Was siehst du im Spiegel", sagte der alte Mann, „dass du so ernst hineinschaust?"

„Ich sehe", antwortete der Sänger, „das unendliche Wunder des Universums, ich sehe die erhabenen und einsamen Elemente, ich sehe die einsamen Sterne und das unermüdliche Meer, ich sehe die ewigen Hügel – und wie ein Krokus seinen Regenbogenkopf erhebt." Aus der schwarzen Erde im Frühling sehe ich den jungen Mond wie eine schlanke Blume aus den Bergen wachsen ..."

„Doch schauen Sie noch einmal", sagte der alte Mann, „in diesen anderen Spiegel, den Spiegel der Prinzessin. Schauen Sie noch einmal."

Und der Dichter schaute – er nahm die beiden Spiegel in die Hand und blickte von einem zum anderen.

„Endlich", sagte er und blickte in das Gesicht, um dessen Erhaltung er so lange gekämpft hatte, „endlich verstehe ich, dass dies nur ein flüchtiges Phantom der Schönheit ist, eine flatternde Blume von einem Gesicht – nur eine wunderschöne Blume auf den unzähligen Wiesen." des Unendlichen – aber hier ..."

Und er wandte sich dem anderen Spiegel zu –

„Hier ist die ewige Schönheit, die göttliche Harmonie, das heilige, unergründliche All ... Wäre ein Mensch mit einer Rose zufrieden, wenn alle Rosen aller Rosengärten der Welt ihm gehörten? ... "

„Du meinst", sagte der weise alte Mann und lächelte vor sich hin, „dass ich der Prinzessin den Spiegel zurückbringen darf ... Bist du wirklich bereit, ihr Gesicht gegen das Gesicht des Himmels einzutauschen?"

„Das bin ich", antwortete der Minnesänger.

„Ich wusste, dass du ein Dichter bist", sagte der Weise.

„Und ich weiß, dass du sehr weise bist", antwortete der Minnesänger.

Doch schließlich war die Prinzessin nicht so glücklich, ihren Spiegel wiederzuhaben, wie sie erwartet hatte; Denn hätte nicht ein wandernder Dichter etwas Schöneres gefunden als ihr Gesicht?

DIE KIEFERDAME

O , hast du die Kieferndame gesehen
oder gehört, wie sie singt?
Hast du gehört, wie sie deine Seele
auf einer Harfe mit Mondstrahlsaiten
spielte ? In einem Palast aus nachtschwarzer Kiefer
versteckt sie sich den ganzen Tag wie eine Königin,
bis ein Mondstrahl
an ihren geheimen Baum klopft
und sie ihre Tür
mit einem silbernen Schlüssel öffnet,
während die Dorfuhren
schläfrig neunmal schlagen .

O komm und höre die Pine Lady
Up im verwunschenen Wald!
Die Sterne gehen auf, die Nachtfalter huschen,
die Eulen rufen, Der Tau fällt;
Und hoch oben in den Zweigen
ihres Spukhauses
sitzen der Mond und sie.

Draußen im Moor dröhnt das Nachtglas,
rauhe Liebe,
der Käfer kommt
mit seinen plötzlichen Trommeln,
und so manches stille, unsichtbare Ding
erschreckt deine Wange mit seinen gespenstischen Flügeln;
Während dort oben,
in einem aus Nadeln und Zapfen
gebauten Palast, die Kiefer dem Mond ihre Liebe erzählt, indem
sie ihre Liebe auf den Saiten des Mondstrahls erzählt –
O, hast du die Kieferndame gesehen
oder sie gehört, wie sie singt?

<hr>

DER KÖNIG AUF DEM WEG ZUR Krönung

In einem grünen Randgebiet des Königreichs Böhmen war Großherzog Stanislaus an einem Sommernachmittag in seinem Garten damit beschäftigt, einen Bienenstock zu bevölkern. Er war ein großer, gelehrter, fast priesterlicher Mann mittleren Alters, ein sanftmütiger Einsiedler, der nur in seinen Büchern und seinem Garten lebte und bei der Landbevölkerung wegen der einfachen Güte seines Herzens sehr beliebt war . Er hatte das gewinnendste Lächeln, und aus seinen weisen, eher müden Augen strahlte eine verspielte Weisheit. Kein Mensch hatte ihn jemals ein hartes Wort sagen hören; und tatsächlich verlief das Leben in dieser grünen Ecke Böhmens so ruhig, dass es selbst weniger friedlichen Naturen schwer fiel, wütend zu sein. Es gab so wenig, worüber man sich ärgern konnte.

Umso seltsamer war es, zu sehen, wie der gute Herzog an diesem Sommernachmittag plötzlich die Beherrschung verlor.

"Absurd!" er rief aus; „Gab es jemals etwas ganz so Absurdes? Der Gedanke daran, mich in einem solchen Moment mit solchen Neuigkeiten zu unterbrechen!“

Er sprach aus dem Inneren eines Mullschleiers, der nach Art der Imker um seinen Kopf gewickelt war; und war tatsächlich gerade in diesem Moment mit der heiklen Operation beschäftigt, einen neuen Schwarm in einen anderen Bienenstock zu übertragen.

Die Notwendigkeit, sich auf seine Aufgabe zu konzentrieren, stellte seine Ruhe einigermaßen wieder her.

„Gib dem Boten eine Erfrischung“, sagte er, „und schicke nach Pater Scholasticus.“

Pater Scholasticus war der Priester des Dorfes und der sehr liebe Freund des Herzogs.

Der Grund für diese Explosion war die durch den schnellsten Kurier überbrachte Nachricht, dass Herzog Stanislaus‘ Bruder tot sei und dass er selbst somit König von Böhmen geworden sei.

Als Pater Scholasticus ankam, waren die Bienen in ihrem neuen Zuhause untergebracht, und der Herzog saß in seiner Bibliothek, zwischen den Büchern, die er nicht weniger liebte als seine Bienen, und hatte verschiedene wichtige Pergamente vor sich ausgebreitet: Depeschen von Zustand, den ihm der Kurier gebracht hatte und den er mit großer Ungeduld gescannt hatte.

„Ich warne dich, mein Freund“, sagte er und blickte auf, als der gute Vater eintrat, „dass du mich in sehr schlechter Laune finden wirst. Ferdinand ist tot – kannst du dir etwas Unvernünftigeres von ihm vorstellen? Er war immer der Beste." rücksichtslos gegenüber Sterblichen; und jetzt wälzt er ohne die geringste Vorwarnung seine Verantwortung auf meine Schultern."

Der Priester kannte seinen Freund und seine Denkweise, und er konnte sich ein Lächeln über seine eigenartige Gereiztheit nicht verkneifen.

„Das bedeutet, dass Sie König von Böhmen sind ... Sire!" sagte er mit einer halb skurrilen Ehrfurcht. Wo um alles in der Welt – fragte er sich – gab es einen anderen Mann, der so verärgert darüber wäre, zum König ernannt zu werden?

„Genau", antwortete der Herzog. „Wunderst du dich, dass ich außer Laune bin? Du musst mir deinen Rat geben. Es muss einen Ausweg geben. Was – was soll ich tun?"

„Ich fürchte, Ihnen bleibt nichts anderes übrig, als zu regieren ... Ihre Majestät", antwortete der Priester. „Ich stimme Ihnen zu, dass es eine große Belastung ist."

„Verstehen Sie wirklich, wie groß die Not ist?" erwiderte der König seinem Freund. „Wirst du es mit mir teilen?"

„Teilen Sie es mit Ihnen?" fragte der Priester.

„Ja! Da es so aussieht, als müsste ich zustimmen, das Oberhaupt des Weltzeitlichen zu sein – werden Sie zustimmen, das Oberhaupt des Weltgeistlichen zu sein? Kurz gesagt, werden Sie zustimmen, Erzbischof von Böhmen zu sein?"

„Verlassen Sie die kleine Kirche, die ich liebe, und die freundlichen, einfachen Herzen in meiner Obhut, die mir durch die Güte Gottes anvertraut wurden ...", fragte der Priester.

„Der geistliche Hirte zu sein", antwortete der König nicht ohne Ironie, „der traurigen Seelenscharen, die ohne Pfarrer durch die seltsamen Straßen verlorener Städte wandern ..."

Der König hielt inne und fügte mit seinem traurigen, verständnisvollen Lächeln hinzu: „Und auf einem goldenen Thron zu sitzen, in einer großen Kathedrale voller Weihrauch und farbiger Fenster."

Und der Priester lächelte zurück; denn der König und der Priester waren alte Freunde und verstanden und liebten einander.

In diesem Moment ertönte Trompetenklang durch die stillen Zweige, und der Priester erhob sich und schaute durch das Fenster. Er sah eine Prozession vergoldeter Kutschen, aus deren ersten ein würdevoller Mann mit weißem Haar und vielen Jahren herausstieg in Purpur und Hermelin gekleidet.

„Es ist Ihr Premierminister und Ihr Hof", antwortete der Priester auf die stumme Frage des Königs. Und wieder lächelten sie zusammen; Aber das Lächeln auf dem Gesicht des Königs war über alle menschlichen Worte hinaus erschöpft: Wegen all der Gefahren, die einen Menschen bedrohen, hatte er nur die Gefahr gefürchtet, zum König ernannt zu werden, vor all den Sorgen, die ihn betrüben, vor allem die Dummheit, diese Dummheit; denn die Eitelkeit war längst aus seinem Herzen verschwunden, und die Bienen und die Blüten seines Gartens schienen seiner Fürsorge ebenso würdig wie der wimmelnde Bienenstock ehrgeiziger menschlicher Wespen und Ohrwürmer, über den er so glücklich durch den Klang der Trompete gerufen wurde Sommernachmittag – der König sein. Stellen Sie sich vor, der König eines so schmutzigen Königreichs zu sein – obwohl man der König sein könnte – eines Gartens.

Aber trotz seines Widerwillens gab der gute Herzog schließlich die Wahrheit zu, die ihm der gute Priester auferlegt hatte – dass es heilige Pflichten gibt, die von denen geerbt werden, die in hohen Positionen geboren wurden, und zu edlen Schicksalen, aus denen es kein ehrenhaftes Entrinnen gibt, und so weiter Der Priester stimmte zu, Erzbischof von Böhmen zu werden, und gab sich damit zufrieden, dessen König zu sein. Daraufhin empfing er all die verschiedenen Würdenträger und Funktionäre, die sein Herz so wenig hätten verstehen können – nachdem er in der Zwischenzeit seine verlorene Beherrschung wiedererlangt hatte – mit der ganzen Güte, für die er berühmt war, und bestimmte einen möglichst weit entfernten Tag, an dem er würde sich mit seinem ganzen Gefolge zu seiner Krönung in der Hauptstadt auf den Weg machen, eine Reise von vielen Meilen.

Als jedoch der Tag kam, und zwar genau in dem Moment, als der lange und glitzernde Zug aufbrach, wurden alle vergoldeten Kutschen plötzlich zum Stehen gebracht, als der Herzog von der Krankheit und dem bevorstehenden Tod des Herzogs erfuhr ein sehr geliebter Verwandter von ihm, ein alter Hirte, mit dem er als Junge durch die Hügel wanderte und eifrig dem Wissen über Zeiten und Jahreszeiten, über auf- und untergehende Sterne und über die Wege der Winde lauschte verborgen in den Herzen gebräunter und verwelkter alter Männer, die ihr Leben im Freien unter Sonne und Regen verbracht haben.

Doch zur großen Ungeduld der Hofdamen und der großen Herren mit Perücken und Puder lebte der alte Hirte mehrere Tage weiter, während dieser Zeit war der Herzog ständig an seiner Seite. Endlich jedoch ruhte sich der alte Hirte aus, und die Prozession, von der er, demütige Seele, nicht geglaubt hätte, dass er sie hätte aufhalten können, machte sich wieder auf den Weg zu ihrem prächtigen Weg, unter dem Flattern von Wimpeln und Federn und dem Gesang der Trompete und Damenlachen.

Aber es hatte erst ein paar Meilen gereist, als es vom Herzog – der gerade auf dem Weg zu seiner Krönung war – erneut zum Stillstand gebracht wurde und im Vorbeifliegen aus dem Fenster seines Wagens einen äußerst schönen und ungewöhnlichen Schmetterling erblickte. Der Herzog war sein ganzes Leben lang ein leidenschaftlicher Entomologe gewesen, und dieser besondere Schmetterling war derjenige, den er bisher nicht in seine Sammlung aufnehmen konnte. Deshalb befahl er den Trompeten, anzuhalten, und ließ sein Schmetterlingsnetz zu sich bringen; und er und mehrere seiner Herren machten sich auf die Verfolgung des umherhuschenden bemalten Dings; aber weder an diesem noch am nächsten Tag wurde es im königlichen Netz gefangen, und zwar erst, nachdem eine ganze Woche vergangen war; und währenddessen standen die Kutschen untätig in den Ställen, und die Postillone machten sich auf den Weg, und die großen Damen und Herren waren wütend über ihre erzwungene Verbannung inmitten ländlicher Sitten und ländlicher Frische und sehnten sich danach, wieder in dieser künstlichen Welt zu sein, in der sie allein atmen konnten .

„Denken Sie an einen Mann, der einen Schmetterling jagt – und auf den eine Königskrone wartet – und vielleicht sogar ein Königreich auf dem Spiel steht!" sagte viele Zungen – denn es verbreiteten sich Gerüchte, dass ein Halbbruder des toten Königs über die Usurpation des Throns nachdachte und bereits eine große Anhängerschaft um sich scharte. Es hieß, es seien dringende Depeschen aus der Kaiserstadt eingetroffen, in denen er darum bat, dass Seine Majestät zum Wohle seiner treuen Untertanen seine Reise mit allen möglichen Expeditionen fortsetze. Sein Königreich stand auf dem Spiel!

Der gute Herzog lächelte den Boten an und sagte: „Ja! Aber sieh dir meinen Schmetterling an –" und niemand außer seinem Freund, dem Priester, hatte natürlich verstanden. Tatsächlich begann es unter den Höflingen zu murren und sogar Hinweise auf Verschwörungen zu geben, während der Herzog seine gemächliche Reise fortsetzte und sich jeder missratenen Fantasie hingab.

Eines Tages würde eine Schildkröte mit ihren Kleinen die Straße überqueren und all die wunderschönen goldenen Kutschen und karamellisierenden Pferde respektvoll zum Stehen bringen. Zärtlich würde der gute Herzog aus seiner Kutsche steigen und sie mit seinem sanften Lächeln beobachten – zweifellos nicht ohne hinterhältiges Lachen im Herzen und einen verständnisvollen Blick des Priesters, den ein so demütiges und hilfloses Geschöpf einmal in seinem Herzen haben sollte Macht, so viel weltlichen Prunk und Eitelkeit zu verzögern.

Bei einer anderen Gelegenheit, als sie einen ganzen Tag ohne solche fantasievollen Unterbrechungen gereist waren und die Höflinge zu glauben begannen, dass sie endlich die Kaiserstadt erreichen würden, beschloss der Herzog, einige lange Meilen von ihrem Weg abzuweichen, um sie zu besuchen das Grab eines großen Dichters, dessen Lieder zu den größten Ruhmen seines Landes zählten.

„Vielleicht habe ich keine andere Gelegenheit, ihm Ehre zu erweisen", sagte der Herzog.

Und als seine Berater es wagten, zu protestieren und sogar zu murren und auf die zunehmende Gefahr seiner Krone hinzuweisen, ermahnte er sie sanft:

„Dichter sind größer als Könige", sagte er, „und was ist meine arme Krone im Vergleich zu der Lorbeerkrone, die er für immer unter den Unsterblichen trägt?"

Es fand sich niemand, der damit einverstanden war, außer dem guten Priester und einem anderen, einem armen Dichter, der irgendwie in den Zug aufgenommen worden war, den aber nur wenige beachteten. Der Priester behielt seine Gedanken für sich, aber der Dichter sorgte für einiges Vergnügen, indem er dem Herzog offen zustimmte.

Aber natürlich musste der königliche Wille mit der Gnade angenommen werden, die die Höflinge finden konnten, um ihre unzufriedenen – und in manchen Fällen sogar ihre unzufriedenen – Herzen zu verbergen; denn einige von ihnen schickten auf diese neue Laune des Herzogs hin heimlich Boten zu dem Möchtegern-Usurpator und versprachen ihm ihre Treue und Unterstützung.

So wurde schließlich nach einer Tagesreise das friedliche Tal erreicht, wo der Dichter zwischen den einfachen Bauern, die er geliebt hatte, ruhte – freundliche Leute, die seine Lieder noch immer in ihren Herzen trugen und sie abends ihren Babys und Kindern vorsangen Lieblinge, und jeden Tag brachte er Blumen zu seinem grünen, von Vögeln heimgesuchten Grab.

Als der Herzog kam und an diesem stillen Ort sein Haupt neigte und in seinen Händen einen Lorbeerkranz trug, war sein Herz sehr bewegt von den einfachen Blumen, die dort lagen, frisch und glitzernd, wie von frisch vergossenen Tränen; und als er ehrfürchtig niederkniete und den Kranz auf den schlafenden Hügel legte, sagte er laut und in der Demut seines großen Herzens:

„Was ist eine solche Opfergabe wie meine im Vergleich zu diesen?"

Und ein Bild kam ihm vor Augen von dem friedlichen Tal, das er zurückgelassen hatte, und von den einfachen Leuten, die er liebte und die seine Freunde waren, und immer mehr vermisste sein Herz sie, und immer weniger freute es sich über die Reise, die noch vor ihm lag, und noch dümmer schien seine Krone.

Also erhob er sich mit einem tiefen Seufzer vom Grab des Dichters und gab den Kutschen den Befehl, noch einmal durch die grünen Gassen zu fahren.

Und zur großen Zufriedenheit der Höflinge hielt der Herzog sie nicht länger auf, denn sein Herz wurde immer schwerer, und er saß mit dem Kopf an der Brust da und sprach kaum mit seinem lieben Freund, dem Priester, der mit ihm ritt. und er blickte kaum aus den Fenstern seiner Kutsche, als er irgendein Wunder auf dem Weg bemerkte.

Endlich kamen die breiten Mauern und Türme der Stadt in Sicht – eine Stadt inmitten einer schönen Landschaft aus Wiesen und Bächen. Die Morgensonne schien hell darüber, und der Priester blickte auf und bemerkte, wie es auf einem großen Gebäude mit vielen weißen Türmen glitzerte, deren vergoldete Zinnen wie so viele Goldkronen glänzten.

„Sehen Sie, Majestät", sagte er mit einem traurigen Versuch der Fröhlichkeit, „dort ist Ihr Palast."

Und der Herzog blickte aus tiefer Träumerei auf, sah seinen Palast und stöhnte laut.

Doch plötzlich erschien ein trauriges Funkeln in seinen traurigen Augen, als er ein weiteres Gebäude mit vielen Gipfeln und Zinnen erblickte, die in der Sonne glitzerten.

„Schauen Sie nach oben, mein Herr Erzbischof", sagte er und wandte sich an seinen Freund, „dort ist *Ihr* Palast."

Und als der gute Priester hinschaute, war sein Gesicht voller Trauer, und die Tränen flossen ihm über die Augen, als er an die einfachen Seelen dachte, die einst in seiner Obhut waren, in seiner weit entfernten Pfarrei.

Doch als der König wieder zum Palast blickte, bemerkte er, dass an einem der Türme eine mit heraldischen Symbolen bedeckte Flagge wehte.

Als er hinsah, schien es, als seien zehn Jahre Müdigkeit von seinem Gesicht gefallen, und eine große Freude kehrte zurück.

„Sehen Sie", sagte er fast flüsternd zum Priester, „das sind nicht meine Arme! …"

Der Priester schaute und blickte dann wieder in die Augen des Herzogs, und auch von seinem Gesicht fielen zehn Jahre der Müdigkeit, und eine große Freude kehrte zurück.

„Gott sei Dank! Wir sind gerettet", riefen der Herzog und der Priester gleichzeitig und fielen einander lachend auf die Schultern. Denn die Waffen, die vom Turm des Palastes schwebten, waren die Waffen des Usurpators, und der König, der kein König sein wollte, hatte sein Königreich verloren.

Und während sie noch gemeinsam jubelten, ertönte aus der Richtung der Stadt das Geräusch vieler Reiter, eine Kavalkade aus vielen glitzernden Speeren. Der Herzog hielt seinen Zug an, um auf ihr Kommen zu warten, und als sie dort ankamen, wo der Herzog war, löste sich ein Herold in goldenem Tuch aus ihren Reihen und las laut von einem großen Pergament viele klingende Worte vor – deren Bedeutung „Der gute Herzog" war Stanislaus war aus seinem Königreich entmachtet worden und an seiner Stelle regierte der Hohe und Mächtige Prinz, der Usurpator.

Als der Herold fertig war, ertönte die Stimme des Herzogs als Antwort:

„Es ist gut – es ist sehr gut!" er sagte. „Sammle diese weiße Blume, bring sie zu deinem Herrn zurück und sage, dass sie die weiße Blume des Friedens zwischen ihm und mir ist."

Und alle waren erstaunt, und niemand außer dem Priester verstand es. Alle dachten, der gute Herzog habe den Verstand verloren, was in der Tat schon seit einiger Zeit der wachsende Glaube seiner Höflinge war.

Aber der Herold sammelte die weiße Blume und trug sie unter dem Klang vieler Posaunen in die Stadt zurück. Muss man sagen, dass der Usurpator es am wenigsten verstanden hat?

Mit dem Herold gingen alle vergoldeten Kutschen und die feinen Damen und Herren, beklagten sich traurig darüber, dass sie eine so lange und ermüdende Reise ohne Zweck hinter sich hatten, und beeilten sich mit aller Eile, dem neuen König ihre Treue zu bekunden.

Nur die eigenen Leute des Herzogs blieben bei ihm, und als alle anderen gegangen waren, gab der Herzog den Befehl, die Köpfe der Pferde heimwärts zu richten, in das grüne Tal, in dem allein er König sein wollte.

„Zurück zu den Bienen und den Büchern und den freundlichen Landherzen", rief der Herzog seinem Freund zu.

„Zurück in die kleine Kirche zwischen den stillen Bäumen", fügte der Priester hinzu, dem die Mitra eines Erzbischofs genauso wenig am Herzen lag wie der Herzog eine Königskrone.

Seitdem war es dem Herzog überlassen worden, in Ruhe seine Bienen zu
hüten, und es darf hinzugefügt werden, dass er nie wieder die Beherrschung
verloren hat.

DER GESTOHLENE TRAUM

Die Sonne ging unter und ließ lange Streifen goldenen Lichts durch die Bäume fallen, als ein alter Mann, getragen von einem schweren Rucksack, müde durch den Wald ging und schließlich, als wäre er von der Reise des Tages erschöpft, sein Gepäck von den Schultern nahm Er nahm seine Last und warf sich nieder, um sich am Fuße einer großen Eiche auszuruhen. Er war sehr alt, viel älter schien er zu sein als der Baum, unter dessen knorrigen Ästen er ruhte, obwohl dieser aussah, als wäre er seit Anbeginn der Welt gewachsen. Sein Rücken war gebeugt wie von der Last der Jahre, obwohl er durch das Gewicht des Rucksacks, den er trug, eigentlich so geworden war; Seine Wangen waren zerfurcht wie die Rinde eines Baumes, und tief auf seine Brust fiel ein Bart, so weiß wie Schnee. Aber seine tiefliegenden Augen waren immer noch hell und scharf, wenn auch schlau und grausam, und seine lange Nase glich dem Schnabel eines Falken. Seine Hände waren stark und verknotet wie Wurzeln, und seine Finger endeten in klauenartigen Nägeln. Sogar im Ruhezustand schienen sie etwas festzuhalten, etwas, das sie gern berührten und das sie niemals loslassen wollten. Seine Kleidung war aus Lumpen und seine Schuhe hielten kaum an seinen Füßen. Er schien ebenso erbärmlich arm zu sein, wie er erbärmlich alt war.

Schließlich, als er sich eine Weile ausgeruht hatte, wandte er sich seinem Rucksack zu, blickte verstohlen mit seinen scharfen Augen im Wald auf und ab, um sich zu vergewissern, dass er allein war, und zog einen Sack aus Leder heraus, der offensichtlich sehr schwer war . Sein Mund war mit gleitenden Riemen befestigt, die er mit zitternden, eifrigen Händen löste. Zuerst nahm er aus dem Beutel ein Stück purpurnen Seidenstoff, den er neben sich auf dem Rasen ausbreitete, und dann schüttete er mit wild leuchtenden Augen den Inhalt des Beutels vorsichtig auf das violette Quadrat aus. ein Strom aus Gold- und Silbermünzen und Edelsteinen, die wie Regenbögen blinken – der Schatz eines Königs. Die untergehende Sonne blitzte auf dem glitzernden Haufen und verwandelte ihn in ein vielfarbiges Feuer. Der Schatz schien den Wald in der Ferne und in der Nähe zu erhellen, und die bunten Sommerblumen, die einen Moment zuvor noch so hell und prächtig gewirkt hatten, fielen vor seinem Glanz in den Schatten.

Der alte Mann tauchte seine klauenähnlichen Hände in einer gespenstischen Ekstase in den Schatz und ließ das Gold und Silber immer wieder durch seine Finger strömen, wobei Ströme juwelenbesetzter Lichtstrahlen in den flachen Sonnenstrahlen glänzten und blitzten. Dabei murmelte er unartikuliert vor sich hin, freute sich und gurgelte vor einsamer, abscheulicher Freude.

Plötzlich erschien ein Ausdruck der Angst auf seinem Gesicht; Er schien Stimmen aus dem Wald zu hören, und als er seinen Schatz schnell wieder in den Lederbeutel und den Beutel in die Falten seines Rucksacks verstaute, erhob er sich und suchte nach Büschen in der Nähe , um sich vor den Blicken aller zu verstecken war das angegangen. Doch als er seinen Rucksack schulterte, taumelte er halb, denn der Rucksack war schwer, und er seufzte tief.

„Es wird immer schwerer", murmelte er. „Ich kann es nicht mehr lange tragen. Ich werde es nie mit ins Grab nehmen können."

Als er zwischen den Büschen verschwand, kamen ein junger Mann und eine junge Frau, die Arme umeinander geschlungen, langsam die Lichtung hinauf und setzten sich schließlich an den Fuß des Baumes, wo der alte Mann noch einen oder zwei Augenblicke zuvor geruht hatte.

„Warum, was ist das?" rief das junge Mädchen plötzlich aus und hob etwas Helles aus dem Gras auf. Es war eine Goldmünze, die dem alten Mann in seiner Eile durch die Finger gefallen war.

"Gold!" riefen beide gleichzeitig.

„Damit kaufst du dir ein neues Seidenkleid", sagte der Liebhaber. „Wer hat jemals von so viel Glück gehört?" Und dann seufzte er.

„Ah! Liebes Herz", sagte er, „wenn wir nur mehr davon hätten! Dann könnten wir unseren Traum erfüllen."

Als die Sonne dort am Fuße der Eiche ihre letzten Strahlen über sie ergoss, konnte man sehen, dass sie sehr arm waren. Ihre Kleidung war alt und wetterfleckig, und sie hatten keine Schuhe an den Füßen; aber die weißen Füße des Mädchens leuchteten wie Elfenbeinblumen im Gras, und ihr Haar war ein Bündel aus rötlichem Gold. Auch in den Schätzen des alten Mannes gab es kein Juwel, das so blau war wie ihre Augen. Und der junge Mann war in seiner männlichen Art nicht weniger mutig und hübsch anzusehen.

Nach kurzer Zeit wandten sie sich einer armen Brieftasche an der Seite des jungen Mannes zu. „Lasst uns zu Abend essen", sagten sie.

Aber es gab kaum mehr als ein oder zwei Krusten, ein paar Häppchen Käse und ein oder zwei Bissen sauren Wein. Dennoch waren sie es gewohnt, hungrig zu sein, und der Gedanke an die Goldmünze erfreute ihre Herzen. So wurden sie zufrieden, und nach einer Weile schmiegten sie sich eng aneinander und schliefen ein, während langsam und sanft das Licht des Mondes durch den Wald kam.

Nun hatte der alte Mann die ganze Zeit versteckt zwischen den Büschen gelegen und Angst gehabt, fast zu atmen, aber von seinem Platz aus konnte er alles hören und sehen und hatte alles belauscht, was gesagt worden war.

Endlich, nachdem die Liebenden lange Zeit geschwiegen hatten, fasste er den Mut, aus seinem Versteck hervorzuschauen, und er sah, dass sie schliefen. Er würde jedoch noch ein wenig warten, bis sie fester schliefen, und dann könnte er sich vielleicht ungehört davonschleichen. Also wartete er weiter, und der Mond wurde immer heller und überflutete die Wälder mit seinem seltsamen Silber. Und die Liebenden schliefen immer tiefer ein.

„Jetzt wird es sicher sein", sagte der alte Mann, der halb aufstand und aus seinen Büschen blickte. Aber als er dieses Mal hinausschaute, sah er etwas, etwas sehr Seltsames und Schönes.

Über den schlafenden Liebenden schwebte eine schwebende, flackernde Gestalt, die aus Mondstrahlen zu bestehen schien und deren Augen zwei große leuchtende Sterne waren. Es war der Traum, der jede Nacht kam, um über den Schlaf der Liebenden zu wachen; Und als der Geizhals es verwundert betrachtete, geschah eine seltsame Veränderung in seiner Seele, und er sah, dass all der Schatz, den er so lange gehortet hatte – angesammelt durch die grausamen Praktiken der Jahre, und mit dem Tragen, das sein Rücken durch die Welt trug gebeugt geworden – war wie Schlacke im Vergleich zu diesem schönen Traum zweier armer Liebender, denen nur eines seiner Goldstücke wie ein Vermögen vorgekommen war.

„Was ist das schließlich für mich anderes als eine ermüdende Bürde, für deren Tragen meine Schultern zu alt werden", murmelte er, „und um derentwillen mein Leben in Gefahr ist, wohin ich auch gehe, und zu deren Bewachung ich mich verstecken muss." aus den Augen der Menschen?

Und je länger er auf die schöne, leuchtende Vision blickte, desto mehr wuchs in ihm die Sehnsucht, sie selbst zu besitzen.

„Sie sollen meinen Schatz im Tausch bekommen", sagte er zu sich selbst, näherte sich den Schläfern und trat leise auf die Füße, damit er sie nicht aufweckte. Aber sie schliefen weiter, verloren im tiefen Schlaf der unschuldigen Jugend. Als er näher kam, wich der Traum vor ihm zurück, mit Angst in seinen sternenklaren Augen; aber es erschien dem alten Mann umso schöner, je näher er ihm kam und sah, von welch göttlichem Glanz es war; und mit seinem Verlangen wuchs sein Selbstvertrauen. Also legte er sanft seine Ledertasche in die Blumen neben den Schläfern, streckte seine klauenartigen Finger aus, packte den Traum bei der Hand und eilte davon, zog ihn den Wald hinunter hinter sich her und drehte sich ab und zu ängstlich um um dafür zu sorgen, dass er nicht verfolgt wurde.

Aber die Schläfer schliefen noch weiter, und am Morgen war der Geizhals weit weg, mit dem gefangenen Traum an seiner Seite.

Als die ersten Vögel durch den Wald zwitscherten und die Morgendämmerung auf den taufrischen Blumen glitzerte, erwachten die Liebenden, küssten einander und lachten im Licht des neuen Tages.

„Aber was ist das?" rief das Mädchen, und ihre Hände fielen von der hübschen Aufgabe ab, den Sonnenaufgang ihres Haares aufzurollen.

Mit einem Schrei fielen beide auf den Lederbeutel, der so geheimnisvoll zwischen den Waldlilien im Gras lag. Mit eifrigen Fingern zogen sie die Lederriemen auseinander und wurden vor Staunen und Freude halb verrückt, als sie den glitzernden Schatz in der Morgensonne ausschütteten.

„Was kann das alles bedeuten?" Sie weinten. „Die Feen müssen in der Nacht hier gewesen sein."

Aber der Schatz schien real genug zu sein. Bei den Juwelen handelte es sich nicht nur um Tautropfen, die durch die magischen Strahlen der Sonne in Diamanten, Rubine und Amethyste verwandelt wurden, und das Gold war auch nicht bloßes Feengold, sondern Münzen, die das Bild des Königs des Landes trugen. Hier gab es echte Juwelen, echtes Gold und Silber. Wie Kinder tupften sie ihre Hände in den leuchtenden Haufen, warfen ihn hoch und schütteten ihn von einer Hand in die andere, wobei er im Morgenlicht blitzte und schimmerte.

Dann überkam sie eine Angst.

„Aber die Leute werden sagen, dass wir sie gestohlen haben", sagte der Junge; „Sie werden sie uns wegnehmen und uns ins Gefängnis werfen."

„Nein, ich glaube, ein Gott hat unser Gebet erhört", sagte das Mädchen, „und hat sie in der Nacht vom Himmel herabgesandt. Der, der sie gesandt hat, wird dafür sorgen, dass uns kein Schaden zugefügt wird."

Und wieder machten sie sich daran, sie durch ihre Finger zu gießen und vor Freude zu plappern.

„Erinnerst du dich daran, was wir letzte Nacht gesagt haben, als wir das Goldstück gefunden haben?" sagte das Mädchen. „Wenn wir nur mehr davon hätten! Unser guter Engel hat uns gewiss gehört und ihnen eine Antwort geschickt."

„Es ist wahr", sagte der junge Mann. „Sie wurden geschickt, um unseren Traum zu erfüllen."

„Unser armer, ausgehungerter und zerfetzter Traum!" sagte das Mädchen. „Wie herrlich können wir es jetzt kleiden und ernähren! Was für ein schönes

Haus können wir für es bauen! , Blau und Gelb und Rubin, Juwelen wie Feuerfontänen und die Tiefen des Meeres."

Doch während sie sprachen, überkam sie eine plötzliche Unruhe, und sie sahen einander mit neuer Angst an.

„Aber wo *ist* unser Traum?" sagte das Mädchen und sah sich besorgt um. Und sie erkannten, dass ihr Traum nirgendwo zu sehen war.

„Ich schien es einmal in der Nacht zu übersehen", antwortete der junge Mann alarmiert, „aber ich war zu schläfrig, um es zu bemerken. Wo kann es sein?"

„Es kann nicht weit weg sein", sagte das Mädchen. „Vielleicht ist es zwischen den Blumen verirrt."

Aber sie waren jetzt völlig beunruhigt.

„Wo kann es geblieben sein?" sie weinten beide. Und sie standen auf und liefen im Wald hin und her und riefen laut ihren Traum aus. Aber es kam keine Antwort zurück, und obwohl sie in Verborgenheit und auf der Flucht nach oben und unten suchten, konnten sie nirgendwo ein Zeichen dafür finden. Ihr Traum war verloren. So sehr sie auch suchten, es war nirgends zu finden.

Und dann setzten sie sich weinend neben den Schatz und vergaßen alles in diesem neuen Kummer.

"Was sollen wir tun?" Sie weinten. „Wir haben unseren Traum verloren."

Eine Weile saßen sie untröstlich da. Dann kam dem Mädchen ein Gedanke.

„ Jemand muss es uns gestohlen haben. Von selbst hätte es uns nie verlassen", sagte sie.

Und während sie sprach, fiel ihr Blick auf den vergessenen Schatz.

„Was nützen uns diese jetzt, ohne unseren Traum?" Sie sagte.

"Wer weiß?" sagte der junge Mann; „Vielleicht hat jemand unseren Traum gestohlen, um ihn in die Knechtschaft zu verkaufen. Wir müssen ihn suchen, und vielleicht können wir ihn mit diesem Schatz wieder zurückkaufen."

„Lasst uns sofort anfangen", sagte das Mädchen und trocknete bei diesem Hoffnungsschimmer ihre Tränen; Und so legte der junge Mann den Schatz zurück in die Tasche, warf ihn an die Spitze seines Stabes und gemeinsam machten sie sich auf den Weg in den Wald, auf der Suche nach ihrem verlorenen Traum.

In der Zwischenzeit war der alte Mann eilig und weit gereist, und der Traum folgte ihm voller Trauer; Und schließlich kam er zu einer schönen Wiese, setzte sich an den Rand eines Baches, um sich auszuruhen, und rief den Traum an seine Seite.

Der Traum leuchtete bei weitem nicht so hell wie im mondbeschienenen Wald, und seine Augen waren schwer wie vom Weinen.

„Singe mir“, sagte der alte Mann, „um mein müdes Herz aufzuheitern.“

„Ich kenne keine Lieder“, sagte der Traum traurig.

„Du lügst“, sagte der alte Mann. „Ich habe die Lieder letzte Nacht in den Tiefen deiner Augen gesehen.“

„Ich kann sie dir nicht vorsingen“, sagte der Traum. „Ich kann sie nur den einfachen Herzen vorsingen, für die ich sie gemacht habe, den Herzen, aus denen du mich gestohlen hast.“

„Hat dich gestohlen!“ sagte der alte Mann. „Habe ich meinen Schatz nicht im Austausch zurückgelassen?“

„Dein Schatz wird ihnen ohne mich nichts bedeuten“, sagte der Traum.

„Du redest Unsinn“, sagte der alte Mann. „Mit meinem Schatz können sie andere Träume kaufen, die genauso schön sind wie du. Glaubst du, dass du der einzige Traum auf der Welt bist? Es gibt keinen Traum, den man nicht mit Geld kaufen kann.“

„Aber ich bin ihr eigener Traum. Sie werden mit keinem anderen glücklich sein“, sagte der Traum.

„Du sollst mir trotzdem singen“, sagte der alte Mann wütend. Aber der Traum wich vor ihm zurück und verdeckte sein Gesicht.

„Wenn ich für dich singen würde, würdest du es nicht verstehen. Dein Herz ist alt und hart und grausam, und meine Lieder sind alle von Jugend, Liebe und Freude.“

„Das sind die Lieder, die ich hören würde“, sagte der alte Mann.

„Aber ich kann sie dir nicht vorsingen, und wenn ich sie vorsingen würde , könntest du sie nicht hören.“

„Singen“, rief der alte Mann erneut mit rauer Stimme; „Singe, ich bitte dich.“

„Ich kann nie wieder singen“, sagte der Traum. „Ich kann nur sterben.“

Und trotz keiner der Drohungen des alten Mannes würde der Traum ihm singen, sondern saß abseits und trauerte um die geliebten Menschen, die er verloren hatte.

So vergingen mehrere Tage, und mit jedem Tag wurde der Traum weniger hell, ein Geschöpf aus Tränen und Seufzern, das immer mehr verblühte, wie eine verwelkende Blume. Schließlich war es nichts weiter als ein grauer Schatten, eine müde Nebelgestalt, die sich bei jedem Windhauch aufzulösen und zu verschwinden schien. Niemand hätte es wissen können wegen dieser strahlenden Vision, die mit solch einem göttlichen Licht über dem Schlaf der Liebenden schimmerte.

Schließlich verlor der alte Mann die Geduld und fing an, sich für einen Narren zu verfluchen, weil er für dieses wertlose, wimmernde Ding einen so großen Schatz hergegeben hatte. Und er tobte wie ein Verrückter, als er in seiner Fantasie all die goldenen und silbernen und regenbogenfarbenen Juwelen sah, die er so törichterweise weggeworfen hatte.

„Bring mich zu ihnen zurück“, sagte der Traum, „und sie werden dir deinen Schatz zurückgeben.“

„Wahrscheinlich“, tobte der alte Mann, „einen solchen Schatz für ein so trauriges Phantom zurückzugeben.“

„Du wirst sehen“, sagte der Traum.

Da nichts anderes zu tun war, griff der alte Mann zu seinem Stab.

„Dann kommen Sie mit“, sagte er und machte sich auf den Weg in Richtung des Waldes, und obwohl es eine Reise von mehreren Tagen war, errötete bei der Nachricht die graue Gestalt des Traums, und seine Augen begannen zu glühen wieder leuchten.

Und so machten sie sich auf den Weg.

Doch inzwischen waren die beiden Liebenden von Dorf zu Dorf und von Stadt zu Stadt gezogen und hatten vergeblich nach Neuigkeiten über ihren Traum gefragt. Und jedem, den sie fragten, zeigten sie ihren Schatz und sagten:

„Das gehört dir, wenn du kannst, aber gib uns unseren Traum zurück.“

Aber nirgends erfuhren sie etwas davon, sondern ernteten nur Spott und Spott.

„Man muss verrückt sein“, sagten einige, „einen Traum zu suchen, wenn man so viel Reichtum in seinem Gepäck hat. Welchen Nutzen hat ein Traum für irgendjemanden? Und welchen Traum wünscht man sich mehr als Gold und Edelsteine?“

„Ah! Unser Traum“, sagten die Liebenden, „ist alles Gold und alle Juwelen der Welt wert.“

Manchmal kamen andere und brachten ihre eigenen Träume mit.

„Nimm das“, sagten sie, „und gib uns deinen Schatz.“

Aber die Liebenden schüttelten traurig den Kopf.

„Nein, deine Träume sind nicht so schön wie unsere. Kein anderer Traum kann ihren Platz einnehmen. Wir können nur mit unserem eigenen Traum glücklich sein.“

Und tatsächlich schienen die Träume, die ihnen präsentiert wurden, armselig, erbärmlich, eingebildet, oft unedel, missraten, schmutzig und grausam. Für die Liebenden schienen sie überhaupt keine Träume zu sein, sondern Formen der Gier und des selbstsüchtigen Verlangens.

So vergingen die Tage, die ihnen weder Nachricht noch Hoffnung brachten, und schließlich kam der Abend, an dem sie ihre Schritte wieder dem Wald zuwandten und sich noch einmal unter der großen Eiche im Sonnenuntergang niederließen.

„Vielleicht hat unser Traum schon die ganze Zeit hier auf uns gewartet“, sagten sie.

Aber der Wald war leer und hallte, und sie saßen und aßen ihr Abendessen wie zuvor, aber schweigend und voller Trauer, und als die Sonne unterging, schliefen sie wie zuvor in den Armen des anderen ein, aber mit Tränen, die auf ihren Augenlidern glitzerten.

Und wieder überflutete der Mond die Räume des Waldes, und man hörte nichts als ihren Atem und den Gesang einer fernen Nachtigall.

Doch plötzlich, während sie schliefen, waren verstohlene Schritte zu hören, die den Wald heraufkamen.

Es war der alte Mann, an dessen Seite der Traum leuchtete und der immer wieder vor ihm herrannte, voller Hoffnung. Plötzlich blieb es stehen, glühend und schimmernd wie das Tanzen der Nordlichter, und legte einen sternenklaren Finger auf seine Lippen, um zum Schweigen zu bringen.

„Siehst du“, flüsterte es, und da waren die Liebenden, die verloren im Schlaf lagen.

Aber die Wolfsaugen des alten Mannes sahen nur eines. Dort lag der Lederbeutel seines Schatzes genau so, wie er ihn zurückgelassen hatte.

Wortlos schnappte er es sich und eilte damit den Wald hinunter, wobei er unhöflich vor sich hin gurgelte.

„Oh, meine Schönheiten!" schrie er, als er sich in der Ferne hinsetzte und das Gold und das Silber und die glitzernden Steine ins Mondlicht schüttete. „Oh, meine Liebe, mein Leben und meine Freude! Welchen anderen Traum könnte ich außer dir haben?"

Unterdessen regten sich die Liebenden im Schlaf und murmelten miteinander.

„Ich schien Gesang zu hören", sagte jeder.

Und als sie ihre Augen halb öffneten, sahen sie ihren Traum über sich in den Mondstrahlen leuchten und singen, schöner als je zuvor, eine Gestalt aus himmlischem Silber, mit zwei Sternen als Augen.

„Unser Traum ist zurückgekehrt!" sie weinten miteinander. „Lieber Traum, wir mussten dich verlieren, um zu wissen, wie schön du bist!"

Und mit einem glücklichen Seufzer schliefen sie wieder ein, während der Traum bis zum Morgengrauen über sie wachte.

Die strenge Erziehung der Clowns

Ein seit vielen Wochen arbeitsloser Clown war mit schmerzenden Füßen und hungrig durch die Landstraßen gestapft und hatte vergeblich nach einer Verlobung gesucht. Schließlich kam er eines Nachmittags in einem bestimmten Dorf an und erspähte das Zelt aus Segeltuch und die bemalten Wagen eines Wanderzirkus. Dieser Anblick löste in seinem traurigen Herzen eine blasse Hoffnung aus und er näherte sich so tapfer er konnte dem Zelt, um den Besitzer der Show zu finden. So traurig sein Herz auch war, sein Gesicht sah noch trauriger aus; und es ist zu befürchten, dass er keinen sehr beeindruckenden Auftritt hinlegte, denn schließlich fand er den Besitzer, der an der Seite des Sägemehlrings saß und mit der Columbine zu Mittag aß. Der Zirkusbesitzer war groß und dunkelhäutig und sah brutal aus, und seine mürrischen, grausamen Augen blickten streng auf den kleinen Clown, der trotz eines traurigen Herzens und eines längst leeren Magens nur noch sehr wenig Mut in seinem Körper hatte.

"Also!" brüllte der Wirt. "Was ist es?"

Der kleine Clown erklärte ihm seinen Beruf und sein Bedürfnis nach einer Verlobung; und stand da, den Hut in der Hand, mit zitternden Knien.

Der Zirkusbesitzer blickte ihn lange Zeit in verächtlichem Schweigen an und sagte dann mit einem häßlichen Grinsen:

„Ist dir jemals das Herz gebrochen?"

„ Das habe ich tatsächlich ", antwortete der Clown. „Denn einem das Herz brechen zu lassen, gehört zum Geschäft eines Clowns."

"Wie oft?"

"Sechs."

„Nicht genug", antwortete der Wirt grob und wandte sich wieder seinem Mittagessen mit der Columbine zu. „Machen Sie es wieder kaputt und kommen Sie zurück; dann können wir vielleicht über Geschäfte reden."

Und der kleine Clown ging weg; Doch kaum hatte er ein paar Meter zurückgelegt, brach ihm zum siebten Mal das Herz – wegen der Bitterkeit der Welt.

Doch da er klug war, wartete er ein oder zwei Tage und lebte, so gut er konnte, auf den Landstraßen, und dann kam er schließlich gegen Mittag zum Zirkus zurück, und wieder aß der Besitzer mit der Columbine zu Mittag, und wieder schaute er nach stand mürrisch und höhnisch auf und sagte:

"Also?"

Der Clown erklärte, dass sein Herz zum siebten Mal gebrochen worden sei.

„Gut", sagte der Zirkusbesitzer. „Warte, bis ich zu Mittag gegessen habe, dann reden wir übers Geschäft."

Und der Clown saß neben der Manege, und der Wirt und die Columbine aßen und lachten, als wäre er nicht da.

Schließlich trank der Zirkusbesitzer einen Krug Bier aus, wischte sich den Mund mit dem Handrücken ab, stand auf und winkte dem Clown, zu ihm zu kommen.

Gleichzeitig nahm er eine lange Peitsche des Zirkusdirektors, und der Columbine nahm ein Ende eines Springseils, während er das andere hielt .

„Nun", sagte der Zirkusbesitzer, „während wir das Springseil drehen, sollst du darüber tanzen, und gleichzeitig werde ich deine Schienbeine mit dieser Peitsche peitschen; und wenn du, wie du über das Seil hüpfst, kannst." lachen und singen – wie ein Kind, das auf einer Wiese auf blauen Blumen tanzt – ich gebe Ihnen" – der Wirt zögerte einen Moment – „sechs Dollar pro Woche."

So kam es, dass der Clown endlich eine Verlobung bekam.

DAS ENDE